国家林业和草原局普通高等教育"十三五"规划教材

林业行政执法案例教程

李媛辉　主编

中国林业出版社
China Forestry Publishing House

图书在版编目(CIP)数据

林业行政执法案例教程 / 李媛辉主编 . —北京：中国林业出版社，2019.12
ISBN 978-7-5219-0421-5

Ⅰ.①林…　Ⅱ.①李…　Ⅲ.①森林法-行政执法-案例-中国-教材　Ⅳ.①D922.635

中国版本图书馆 CIP 数据核字（2020）第 087924 号

中国林业出版社·教育分社

策划、责任编辑：许　玮　曹鑫茹
电　话：(010)83143576

出版发行	中国林业出版社(100009　北京市西城区德内大街刘海胡同 7 号)
	http://www.forestry.gov.cn/lycb.html　电话：(010)83143576
印　刷	河北京平诚乾印刷有限公司
版　次	2019 年 12 月第 1 版
印　次	2019 年 12 月第 1 次印刷
开　本	787mm×1092mm　1/16
印　张	10.25
字　数	230 千字
定　价	32.00 元

未经许可，不得以任何方式复制或抄袭本书之部分或全部内容。

版权所有　侵权必究

前　言

　　学习法律的学生，不管是本科生，还是硕士生，在学校里接受的是系统的法学基础知识教育，很少有实践性的个案运用，而案例教学可以较好地弥补这一缺憾。案例教学有助于学生理解并记忆抽象的法律条文，不仅可以培养学生处理法律实务问题的能力，而且可以开阔学生的眼界，最大程度减少"知而不会"的现象。

　　本教程主要对林业行政处罚案件存在的程序违法问题进行归类分析。通过整理近五年以来中国裁判文书网上刊载的法院对林业行政处罚案件合法性审查尤其针对程序合法性审查的案例，可以勾勒出目前涉林行政诉讼中林业行政处罚案件程序违法的真实图景。

　　本教程以行政处罚一般程序作为主线，以立案、调查、审查决定、送达、执行为逻辑顺序编排案例。一个行政诉讼案例，往往会有多种角度的解读。基于写作的需要，本教程只能就具体败诉案例阐述某个视角的教训。每个案例侧重一个知识点展开论述，兼顾完整性，但无法面面俱到。每个案例由"裁判要点""相关法条""基本案情""裁判结果""案例分析"五部分组成。尽量挖掘案例中有价值的素材，尤其是将同类素材编排在一起，有助于读者了解执法程序中容易忽视的细节。

　　本教程只是一个初步的探索，由于无法见到有关案件的翔实证据，案例分析只能依据司法判决法律文书记载的内容作出，对案件事实的评述有可能存在不准确性。另外，案例来源截至2019年12月底结案的数据，不排除今后个别案件通过再审推翻原判决。因此，本教程案例仅仅起到"以案说法"作用，为读者掌握行政执法知识点提供参考。

　　本教程既可以作为普通高等院校法学本科生、研究生学习"行政法与行政诉讼法"课程的教材，也可以作为教师的教学参考用书和全国林业行政执法人员资格考试的培训教材。作者希望通过案例分析和理论讲解，使读者快速掌握行政执法的基本理念、概念和原理，提高解决行政法制实务问题的能力，成为适应新时代生态文明法制建设要求的专门人才。

作　者
2019年12月

[基金项目]林业综合执法体制改革实践研究(2017—R18)

目 录

前 言

第一章 林业行政处罚概述 ·············· 1
一、林业行政处罚的概念 ·············· 1
二、林业行政处罚的基本原则 ·············· 1
  (一)处罚法定原则 ·············· 1
  (二)处罚公正、公开原则 ·············· 3
  (三)处罚与教育相结合原则 ·············· 3
  (四)保障当事人合法权利原则 ·············· 3

第二章 立 案 ·············· 4
一、立案期限 ·············· 4
  案例1 叶上千等8人诉永嘉县林业局不履行法定职责案 ·············· 4
  案例2 刘五安诉洛阳市林业局行政处罚案 ·············· 5
  案例3 王宗治诉洛阳市林业局行政处罚案 ·············· 6
  案例4 环保砖厂诉东方市林业局行政处罚案 ·············· 7
二、案件管辖 ·············· 8
  (一)地域管辖 ·············· 8
  (二)级别管辖 ·············· 8
  (三)选择管辖 ·············· 8
  (四)管辖争议 ·············· 9
  (五)管辖权转移 ·············· 9
三、处罚时效 ·············· 9
  案例5 喀喇沁旗林业和草原局申请执行张某不履行行政处罚决定案 ·············· 9
  案例6 严子富诉纳雍县林业局行政处罚案 ·············· 10
  案例7 赵辉诉瓦房店市林业水利局行政处罚案 ·············· 11

第三章 调 查 13

一、证据的种类 13

二、证据的合法性 13

    案例 8   吴昌华诉施秉县林业局行政处罚案 14

    案例 9   吴某诉葫芦岛市连山区林业局行政处罚案 14

    案例 10 刘天寿诉贵德县森林公安局行政处罚案 15

    案例 11 杨立兵诉阿拉善左旗科学技术和林业草原局行政处罚案 17

    案例 12 西山公墓诉西宁市林业和草原局行政处罚案 18

    案例 13 张国臣诉宁城县林业局行政确认案 19

    案例 14 高标砖厂诉郴州市苏仙区林业局行政处罚案 20

    案例 15 步路乡外宅村第六村民小组诉仙居县林业局行政处罚案 21

    案例 16 庄秀峰、孟显德诉翁牛特旗森林公安局行政处罚案 22

    案例 17 杜平诉丹东市林业局行政处罚案 23

    案例 18 富祥矿业有限公司诉道县林业局行政处罚案 24

三、行政强制措施 25

    (一)先行登记保存 26

    案例 19 祝永胜诉固阳县林业局先行登记保存案 26

    案例 20 孟令堆诉长垣县农林畜牧局先行登记保存案 27

    (二)查封扣押 28

    案例 21 寇明明诉方正县林业局行政强制案 28

    案例 22 孙应清诉原州区林业局开城镇政府行政强制案 29

    案例 23 魏忠诉昆明市五华区农林局行政强制案 30

第四章 先行告知 32

一、先行告知的基本内容 32

    案例 24 艾衍发诉修水县林业局不服无证运输木材行政处罚案 33

    案例 25 郭占金诉建昌县林业局行政处罚案 33

    案例 26 九峰浆源度假有限公司诉乐昌市林业局行政处罚案 34

    案例 27 李建昆诉建昌县林业局行政处罚案 35

二、先行告知的合法要件 36

    案例 28 刘德军诉长春莲花山生态旅游度假区林业发展管理局

             行政处罚案 36

    案例 29 祝永芳诉黎城县林业局行政处罚案 37

三、告知程序的注意事项 38

(一)处罚决定与先行告知内容必须一致 …………………………… 38
　　案例30　金家民等10人诉巢湖市林业局行政处罚案 …………… 38
　　案例31　魏辉、勾忠民诉黑河市爱辉区林业局行政处罚案 …… 39
　　案例32　郝中杰诉焦作市林业局行政处罚案 …………………… 40
　　案例33　周基猛等3人诉永州市林业局行政处罚案 …………… 41
　　(二)陈述和申辩复核意见书不能缺少 …………………………… 42
　　案例34　汤继才诉封丘县林业局行政处罚案 …………………… 42
　　(三)处罚决定与先行告知不能同日送达 ………………………… 43
　　案例35　张本龙诉黔西县森林公安局行政处罚案 ……………… 43
　　案例36　杨俊财诉抚宁县林业局行政处罚案 …………………… 44
　　案例37　刘英汉诉惠州市惠城区林业局不服擅自
　　　　　　改变林地用途行政处罚案 …………………………… 45
　　案例38　戚鹏龙诉大理市森林公安局行政处罚案 ……………… 46
　　(四)处罚决定与先行告知间隔期不少于三天 …………………… 46
　　案例39　李柏林诉丽水市林业有害生物防治检疫总站行政处罚案 …… 47
　　案例40　邓冯龙诉建德市林业局行政处罚案 …………………… 48

第五章　听　证 …………………………………………………… 50
一、听证的适用范围 ……………………………………………… 50
　　(一)听证的列举式范围 …………………………………………… 50
　　案例41　包明忠诉勐腊县林业局行政处罚案 …………………… 50
　　案例42　杨世明诉元谋县森林公安局行政处罚案 ……………… 51
　　案例43　田书先诉泸西县森林公安局行政处罚案 ……………… 52
　　案例44　王井义诉通榆县自然资源局行政处罚案 ……………… 53
　　案例45　原告赵连军诉顺义区园林绿化局行政处罚案 ………… 54
　　(二)听证的不完全列举范围 ……………………………………… 56
　　案例46　潘茂川诉百色市右江区林业局行政处罚案 …………… 57
　　案例47　许艳青诉那坡县林业局行政处罚案 …………………… 57
二、适用听证的案件也应当告知陈述申辩权 …………………… 58
　　(一)听证告知和先行告知的适用 ………………………………… 58
　　(二)不能用听证告知代替先行告知 ……………………………… 59
　　案例48　杨水英诉龙川县公安局森林分局行政处罚案 ………… 59
　　(三)行政相对人的选择权 ………………………………………… 60
　　案例49　赵琴芳诉定西市森林公安局安定分局行政处罚案 …… 60

案例50　万荣公司诉石屏县林业局行政处罚案 …………………… 61
　三、听证程序的注意事项 …………………………………………………… 62
　　(一)处罚决定与听证告知不能同日送达 ………………………………… 62
　　案例51　郭树祥诉方正县林业局行政处罚案 …………………… 62
　　案例52　贾其昌诉广灵县林业局行政处罚案 …………………… 62
　　案例53　祝永芳诉黎城县林业局不服滥伐林木行政处罚案 …… 63
　　案例54　罗金明诉马关县森林公安局行政处罚案 ……………… 64
　　(二)不得在告知听证权后三日内作出处罚决定 ………………………… 65
　　案例55　土林公司诉元谋县自然资源公安局行政处罚案 ……… 65
　　案例56　管恩旭诉北镇市林业局行政处罚案 …………………… 66
　　案例57　常晓东诉通榆县林业局行政处罚案 …………………… 67
　　案例58　刘五安诉洛阳市林业局行政处罚案 …………………… 68
　　案例59　吴昌华诉施秉县林业局行政处罚案 …………………… 69
　　(三)举行听证的七日前通知当事人 ……………………………………… 70
　　案例60　裴成国诉开鲁县林业局行政处罚案 …………………… 70

第六章　审查决定 …………………………………………………………… 72
　一、审查种类 ………………………………………………………………… 72
　　(一)法制审核 ……………………………………………………………… 72
　　案例61　宋小山诉阳城县公安局森林公安警察大队行政处罚案 … 73
　　(二)行政机关负责人审查 ………………………………………………… 74
　　(三)行政机关负责人集体审查 …………………………………………… 74
　　案例62　李孟修诉阳西县公安局森林分局行政处罚案 ………… 74
　　案例63　崔国刚诉乐陵市林业局行政处罚案 …………………… 75
　　案例64　吴昌华诉施秉县林业局林业行政处罚案 ……………… 77
　　案例65　土林公司诉元谋县自然资源公安局行政处罚案 ……… 77
　　案例66　刘鹏诉长岭县林业局行政处罚案 ……………………… 79
　二、程序审查 ………………………………………………………………… 79
　　案例67　北坪煤矿诉资中县森林公安局行政处罚案 …………… 80
　　案例68　韩清林诉大连金普新区农业局行政处罚案 …………… 80
　　案例69　祝永芳诉黎城县林业局行政处罚案 …………………… 82
　　案例70　刘五安诉洛阳市林业局行政处罚案 …………………… 83
　　案例71　李尚财诉开鲁县林业局行政处罚案 …………………… 84
　　案例72　杨斌武诉来凤县林业局行政处罚案 …………………… 85

三、办案时限 …………………………………………………………… 86
　　　案例73　张立国诉巴林左旗林业局行政处罚案 ……………………… 86

第七章　送　达 …………………………………………………………… 88

　　一、送达方式 …………………………………………………………… 88
　　　(一)直接送达 ……………………………………………………… 88
　　　　案例74　郝东所诉涉县森林公安局行政处罚案 ………………… 88
　　　　案例75　甄生财诉湟源县农林牧和扶贫开发局行政处罚案 …… 89
　　　(二)留置送达 ……………………………………………………… 90
　　　　案例76　海口宇霖养殖专业合作社诉海口市林业局行政处罚案 … 90
　　　　案例77　在于冰诉凤城市林业局行政处罚案 …………………… 91
　　　(三)邮寄送达 ……………………………………………………… 92
　　　　案例78　邓文兵诉始兴县林业局行政处罚案 …………………… 92
　　　(四)公告送达 ……………………………………………………… 94
　　二、送达程序的注意事项 ……………………………………………… 94
　　　(一)送达期限 ……………………………………………………… 94
　　　　案例79　李克文诉武乡县林业局行政处罚案 …………………… 94
　　　　案例80　尤福钧诉宣威市森林公安局行政处罚案 ……………… 95
　　　　案例81　万宁湾公司诉万宁市林业局行政处罚案 ……………… 96
　　　(二)法定送达方式的顺序 ………………………………………… 97

第八章　执　行 …………………………………………………………… 98

　　一、罚缴分离 …………………………………………………………… 98
　　　(一)一般情形：罚缴分离 ………………………………………… 98
　　　(二)特殊情形：当场收缴 ………………………………………… 98
　　　案例82　张清江诉伊通满族自治县林业局行政处罚案 …………… 98
　　二、申请法院强制执行 ………………………………………………… 99
　　　(一)申请期限 ……………………………………………………… 99
　　　　案例83　樟树市森林公安局申请执行卢某某不履行行政处罚决定案 … 100
　　　　案例84　辽源市林业局申请执行颐福尊长园不履行行政处罚决定案 … 100
　　　(二)不予执行 ……………………………………………………… 101
　　　　案例85　文昌市林业局申请执行帮明建设集团有限公司不履行行政
　　　　　　　　处罚决定案 ……………………………………………… 102
　　　　案例86　敖汉旗林业和草原局申请执行许某不履行行政处罚决定案 … 103

案例87　芜湖县林业局申请执行胡小妹不履行行政处罚决定案 …… 103
案例88　望奎县林业和草原局申请执行于晓红不履行行政处罚决定案 … 104

第九章　行刑衔接 …… 106
一、刑事优先 …… 106
案例89　明达公司诉兰州市城关区林业局行政处罚案 …… 106
案例90　丛万凤诉大兴安岭加格达奇林业局行政处罚案 …… 107
二、有限并罚 …… 108
案例91　华拓石场诉佛山市自然资源局行政处罚案 …… 108
案例92　闫石诉舒兰市林业局行政处罚案 …… 110
案例93　王建成诉中牟县林业局行政处罚案 …… 110

第十章　行政诉讼判决 …… 113
一、撤销判决 …… 113
(一)主要证据不足 …… 113
案例94　涞水县某村委会诉涞水县林业局行政处罚案 …… 113
案例95　孙玉林诉兴隆县林业局行政处罚案(2017年) …… 114
案例96　孙玉林诉兴隆县林业局行政处罚案(2018年) …… 115
案例97　李洪仁诉大连市普兰店区林业水利局行政处罚案 …… 116
案例98　王洪广诉建平县林业和草原局行政处罚案 …… 117
案例99　惠川公司李川诉昆明市自然资源公安局五华分局行政处罚案 … 118
(二)适用法律法规错误 …… 119
案例100　大用村村民小组诉象州县自然资源局行政答复案 …… 119
(三)违反法定程序 …… 120
案例101　龙城区水库移民管理局诉朝阳市林业和草原局行政处罚案 …… 120
案例102　黄士贵诉海兴县农业农村局行政处罚案 …… 121
(四)超越职权 …… 122
案例103　张某某诉齐齐哈尔市梅里斯达斡尔族区林业局行政处罚案 …… 122
(五)明显不当 …… 123
案例104　姚龙泉诉抚顺县自然资源局行政处罚案 …… 123
案例105　赵洪军诉扎赉特旗林业局行政处罚案 …… 124
二、履行判决 …… 125
案例106　孟祥臣、鞠芳玲诉青州市林业局行政处罚案 …… 125
案例107　史保生诉内黄县森林公安局行政处罚案 …… 126

案例108　安丰欣诉登封市森林公安局行政处罚案 ……………………… 127
三、确认违法判决 …………………………………………………………………… 128
　　案例109　袁修兴诉通山县林业局不履行法定职责案 …………………… 128
　　案例110　东方城东长康环保砖厂诉东方市林业局行政处罚案 ………… 129
　　案例111　赵辉诉瓦房店市林业水利局行政处罚案 ……………………… 131
　　案例112　京泉建材有限公司诉沙县生态综合执法局行政处罚案 ……… 132
　　案例113　王泽波诉镇沅彝族哈尼族拉祜族自治县林业局行政处罚案 … 133
　　案例114　黄德炎诉藤县林业局行政处罚案 ……………………………… 134
　　案例115　远洋理石矿厂诉丹江口市林业局行政许可案 ………………… 135
　　案例116　彭仕平诉龙川县公安局森林分局信息公开案 ………………… 136
　　案例117　岑明强诉凤冈县林业局行政许可案 …………………………… 137
四、确认无效判决 …………………………………………………………………… 138
五、变更判决 ………………………………………………………………………… 139
　　案例118　任国志诉阿鲁科尔沁旗森林公安局行政处罚案 ……………… 139
　　案例119　魏殿军诉磐石市林业局行政处罚案 …………………………… 140
　　案例120　罗会明诉九江市濂溪区林业局行政处罚案 …………………… 140

附录　最高院最高检林业行政公益诉讼典型案例 ………………………………… 143
一、最高人民法院案例 ……………………………………………………………… 143
　　1. 江苏省宿迁市宿城区人民检察院诉沭阳县农业委员会不履行林业监督
　　　　管理法定职责行政公益诉讼案 ……………………………………………… 143
　　2. 云南省剑川县人民检察院诉剑川县森林公安局怠于履行法定职责行政
　　　　公益诉讼案 …………………………………………………………………… 144
　　3. 湖北省宜昌市西陵区人民检察院诉湖北省利川市林业局不履行法定
　　　　职责行政公益诉讼案 ………………………………………………………… 145
二、最高人民检察院案例 …………………………………………………………… 146
　　1. 湖北省宜昌市长江岸线林地保护行政公益诉讼案 …………………… 146
　　2. 山东省临清市人民检察院诉临清市林业局不依法履职案 …………… 148
　　3. 郧阳区林业局行政公益诉讼案（检例第30号） ……………………… 150

第一章
林业行政处罚概述

一、林业行政处罚的概念

林业行政处罚是指林业主管部门或者法律、法规授权的组织依照法定职权和程序，对违反涉林法律、行政法规和部门规章尚未构成犯罪的公民、法人或者其他组织给予制裁的具体行政行为。

二、林业行政处罚的基本原则

(一) 处罚法定原则

1. 行政处罚依法设定

法律可以设定各种行政处罚。限制人身自由的行政处罚，只能由法律设定。

行政法规可以设定除限制人身自由以外的行政处罚。法律对违法行为已经作出行政处罚规定，行政法规需要作出具体规定的，必须在法律规定的给予行政处罚的行为、种类和幅度的范围内规定。

地方性法规可以设定除限制人身自由、吊销企业营业执照以外的行政处罚。法律、行政法规对违法行为已经作出行政处罚规定，地方性法规需要作出具体规定的，必须在法律、行政法规规定的给予行政处罚的行为、种类和幅度的范围内规定。法律、行政法规对违法行为未作出行政处罚规定，地方性法规为实施法律、行政法规需要增加规定行政处罚的，必须在该法律、行政法规规定的行政处罚种类和幅度的范围内规定。

国务院部门规章可以在法律、行政法规规定的给予行政处罚的行为、种类和幅度的范围内作出具体规定。尚未制定法律、行政法规的，前款规定的国务院部门规章对违反行政管理秩序的行为，可以设定警告或者一定数量罚款的行政处罚。罚款的限额由国务院规定。

> **【示例】**国务院关于贯彻实施《中华人民共和国行政处罚法》的通知(国发[1996]13号)
>
> 国务院各部门制定的规章对非经营活动中的违法行为设定罚款不得超过1000元;对经营活动中的违法行为,有违法所得的,设定罚款不得超过违法所得的3倍,但是最高不得超过30000元,没有违法所得的,设定罚款不得超过10000元;超过上述限额的,应当报国务院批准。地方政府规章设定罚款的限额,由省、自治区、直辖市人大常委会规定,可以不受上述规定的限制。

地方政府规章可以在法律、法规规定的给予行政处罚的行为、种类和幅度的范围内作出具体规定。尚未制定法律、法规的,地方政府规章对违反行政管理秩序的行为,可以设定警告或者一定数量罚款的行政处罚。罚款的限额由省、自治区、直辖市人民代表大会常务委员会规定。

> **【示例】**
>
> 1.《北京市规章设定罚款限额规定》(1996年9月3日通过,2007年3月30日通过修正案修改)。
>
> 市人民政府制定的规章,对违反行政管理秩序的行为需要设定罚款的,设定罚款的限额为3万元。但对涉及公共安全、生态环境保护、有限自然资源开发利用以及关系人身健康、生命财产安全方面的违反行政管理秩序的行为,可以设定不超过10万元的罚款。
>
> 2.《上海市人民代表大会常务委员会关于市人民政府制定规章设定行政处罚罚款限额的规定》(1996年9月26日通过,2006年8月11日第一次修正,2014年4月23日第二次修正)。
>
> (1)对违反行政管理秩序的行为设定罚款的限额为30万元。
>
> (2)个别规章对某些违反行政管理秩序的行为设定罚款,确需超过上述限额的,由市人民政府提请市人民代表大会常务委员会审议决定。
>
> 3.《湖北省人大常委会关于政府规章设定行政处罚罚款限额的规定》(1996年9月21日通过,2013年5月23日修正)。
>
> (1)对非经营活动中的违反行政管理秩序行为,设定罚款数额不得超过5000元。
>
> (2)对经营活动中的违反行政管理秩序行为,有违法所得的,设定罚款数额不得超过违法所得的3倍,但最高不得超过15万元;没有违法所得的,设定罚款数额不得超过5万元。
>
> 4.《云南省人民代表大会常务委员会关于政府规章设定罚款限额的规定》(2016年6月1日起施行)第三条对违反行政管理秩序的行为设定罚款的限额为20万元。

2. 行政处罚依法实施

(1)实施主体法定。实施林业行政处罚的机关,必须是县级以上林业行政主管部门,法律、法规授权的组织以及林业行政主管部门依法委托的组织。其他任何机关和组织，不得实施林业行政处罚。林业行政主管部门依法委托实施林业行政处罚，必须办理书面委托手续，并由委托的林业行政主管部门报上一级林业行政主管部门备案。委托的林业行政主管部门对受委托的组织实施行政处罚的行为负责监督，并对该行为的后果承担法律责任。受委托组织在委托范围内，以委托的林业行政主管部门名义实施行政处罚，不得再委托其他组织或者个人实施行政处罚。

（2）实施程序法定。林业行政处罚程序分为简易程序和一般程序。林业行政处罚中的听证程序，不是一种与简易程序和一般程序并列的、独立的、完整的行政处罚程序，而只是一般程序中的一道特殊环节。

（二）处罚公正、公开原则

林业行政处罚遵循公正、公开的原则。

设定和实施林业行政处罚必须以事实为依据，与违法行为的事实、性质、情节以及社会危害程度相当。

对违法行为给予林业行政处罚的规定必须公布；未经公布的，不得作为行政处罚的依据。

> 【示例】《国务院办公厅关于全面推行行政执法公示制度执法全过程记录制度重大执法决定法制审核制度的指导意见》（国办发〔2018〕118号）
> ……
> 二、全面推行行政执法公示制度
> 行政执法公示是保障行政相对人和社会公众知情权、参与权、表达权、监督权的重要措施。行政执法机关要按照"谁执法谁公示"的原则，明确公示内容的采集、传递、审核、发布职责，规范信息公示内容的标准、格式。建立统一的执法信息公示平台，及时通过政府网站及政务新媒体、办事大厅公示栏、服务窗口等平台向社会公开行政执法基本信息、结果信息。涉及国家秘密、商业秘密、个人隐私等不宜公开的信息，依法确需公开的，要作适当处理后公开。发现公开的行政执法信息不准确的，要及时予以更正。

（三）处罚与教育相结合原则

实施林业行政处罚，纠正违法行为，应当坚持处罚与教育相结合，教育公民、法人或者其他组织自觉守法。

（四）保障当事人合法权利原则

（1）陈述权、申辩权。公民、法人或者其他组织对林业行政主管部门所给予的林业行政处罚，享有陈述权、申辩权。

（2）救济权。公民、法人或者其他组织对林业行政处罚不服的，有权依法申请行政复议或者提起行政诉讼。公民、法人或者其他组织因林业行政主管部门违法给予行政处罚受到损害的，有权依法提出赔偿要求。

第二章
立 案

一、立案期限

立案是行政机关对获取的涉嫌违法线索进行初步甄别或者审查后，批准生成行政处罚案件并启动调查处理程序的活动。立案必须符合下列条件：(1)有违法行为发生；(2)违法行为是应受处罚的行为；(3)属于本机关管辖；(4)属于一般程序适用范围。

林业行政处罚立案登记表，是依据法律、法规、规章的规定，对涉嫌违法行为是否立案报送行政机关负责人审批的文书。凡发现或者接到举报、控告、移送、上级交办、主动交代等违反林业法律、法规、规章的行为，应当填写《林业行政处罚立案登记表》，报行政负责人审批。对认为需要给予林业行政处罚的，在七日内予以立案；对认为不需要给予林业行政处罚的，不予立案。

案例1　叶上千等8人诉永嘉县林业局不履行法定职责案①

【裁判要点】

从发现或者接到案件线索之日(受案时间)起七日内应当作出是否立案的决定。

【相关法条】

《林业行政处罚程序规定》第二十四条

【基本案情】

原告：叶上千等8人

被告：永嘉县林业局

第三人：汪祥忠

原告叶上千等8人系某村集体经济组织成员，2012年11月、12月期间，8名原告分别作为其所在的村民小组代表之一与第三人签订山场承包协议，同意将

---

① 浙江省永嘉县人民法院(2016)浙0324行初33号行政判决书、浙江省温州市中级人民法院(2016)浙03行终345号行政裁定书。

各自所有的山场承包给第三人开发。后原告认为第三人在开发过程中滥伐森林、擅自改变林地用途。2015年12月19日,8名原告向被告邮寄《请求县林业局依法查处违法行为的控告(举报)状》及3张照片,请求被告履行查处违法行为的法定职责或给予原告答复。被告于2015年12月21日签收邮寄,至原告起诉时,被告未作出处理决定亦无作出答复。八名原告于2016年3月30日提起诉讼,以被告不履行林业行政处罚法定职责为由,请求判决责令被告履行查处第三人违法行为的法定职责。

【裁判结果】

责令被告于判决生效之日起七日内对原告的控告作出处理决定。

【案例评析】

《林业行政处罚程序规定》第二十四条的规定:"凡发现或者接到举报、控告、移送、上级交办、主动交代等违反林业法律、法规、规章的行为,应当填写《林业行政处罚登记表》,报行政负责人审批。对认为需要给予林业行政处罚的,在七日内予以立案;对认为不需要给予林业行政处罚的,不予立案。"本案8名原告作为涉案林地、林木的权利人,有权要求被告查处侵犯自身合法权益的违法行为。被告收到控告书后应当作出立案或者不予立案的书面决定,并告知原告申请行政复议或者提起行政诉讼的途径和期限。但被告收到控告书后未作出处理决定亦没有作出答复,显然构成不履行法定职责行为。

案例2 刘五安诉洛阳市林业局行政处罚案[①]

【裁判要点】

从发现或者接到案件线索之日(受案时间)起七日内作出是否立案的决定。

【相关法条】

《林业行政处罚程序规定》第二十四条

【基本案情】

原告:刘五安

被告:洛阳市林业局

2017年5月11日15时,接老城区农村工作办公室(以下简称老城区农办)举报,称在老城区邙山街道办事处营庄社区有人占用林地建沙场。经林业工程师勘验检查,刘五安在未办理林地征占用手续的情况下,擅自将营庄社区310国道南、钢材市场对面的1366平方米林地平整后建成沙场,刘五安的行为已构成违法。被告在《林业行政处罚立案登记表》中"承办人意见""承办部门负责人意见""行政机关负责人意见"三个"意见"栏目处署明的日期分别是2017年6月14日、2017年6月30日,立案查处。2017年6月23日,被告以原告在外地打工未能及时到案为由提请延长办案期限,于2017年6月30日获负责人批准。2017年8月11日被告作出林业处罚决定书,对原告处以27320元的罚款,并限期恢复原状。原告不服,提起行政诉讼,要求撤销林业行政处罚决定书。

[①] 洛阳铁路运输法院(2017)豫7102行初235号行政判决书。

【裁判结果】

撤销被告作出的《林业行政处罚决定书》。

【案例评析】

《林业行政处罚文书制作填写规范》第十五条规定，林业行政处罚立案登记表是依据法律、法规、规章的规定，对涉嫌违法行为是否立案报送行政机关负责人审批的文书。"承办人意见"栏目，填写承办人根据案情提出立案或者不予立案等意见，并签名、署明提出意见的日期。"承办部门负责人意见"栏目，由承办部门负责人根据承办人意见填写立案或者不予立案等意见，并签名、署明提出意见的日期。"行政机关负责人意见"栏目，填写行政机关负责人对承办部门意见进行审查后，批示立案或者不予立案等内容，并签名、署明批示的日期。本案中，接到老城区农办举报的日期是2017年5月11日（受案日期），被告在《林业行政处罚立案登记表》中以上三个"意见"栏目处署明的日期分别是2017年6月14日与2017年6月30日，违反了七日内予以立案的相关规定，超期立案。

案例3　王宗治诉洛阳市林业局行政处罚案①

【裁判要点】

凡发现或者接到举报、控告、移送、上级交办、主动交代等违反林业法律、法规、规章的行为，应当填写《林业行政处罚登记表》，报行政负责人审批。对认为需要给予林业行政处罚的，在七日内予以立案；对认为不需要给予林业行政处罚的，不予立案。

【相关法条】

《林业行政处罚程序规定》第二十四条

【基本案情】

原告：王宗治

被告：洛阳市林业局

2017年9月5日，原告通过邮政快递向被告投诉万安山公司未经审批非法占用其拥有使用权的林地建设万安山会议中心项目、亲子乐园项目、亲子乐园道路项目、环山路项目、国际自行车赛道项目的行为，要求被告依法履行法定职责，对违法占地行为进行立案查处，并将查处情况及结果进行回复。被告于2017年9月11日收到该邮件后，于2017年9月28日作出1号林业督查通知单，将该案件移送至伊滨区农村工作办公室调查处理，并将该处理结果向原告作出回复，原告于2017年10月2日收悉。原告至起诉前未收到被告对上述违法占地行为的调查结果和处理决定。原告向法院起诉：（1）确认被告不履行法定职责违法；（2）判令被告履行查处职责，并依法向原告作出答复。

【裁判结果】

责令被告在判决生效后七日内对原告的投诉依法进行处理。

---

① 洛阳铁路运输法院（2016）豫7102行初245号行政判决书。

【案例评析】

《林业行政处罚程序规定》第八条规定，县级林业行政主管部门管辖本辖区内林业行政处罚；地州级林业行政主管部门管辖本辖区内重大、复杂的林业行政处罚。第二十四条第一款规定："凡发现或者接到举报、控告、移送、上级交办、主动交代等违反林业法律、法规、规章的行为，应当填写《林业行政处罚登记表》，报行政负责人审批。对认为需要给予林业行政处罚的，在七日内予以立案；对认为不需要给予行政处罚的，不予立案。"《中华人民共和国森林法》《河南省林地保护管理条例》规定，县级以上人民政府林业管理部门作为林业工作的主管机关，具有依法查处非法侵占、破坏和违法使用林地的职责。

本案原告投诉的违法行为发生于洛阳市伊滨区，洛阳市人民政府在该区设立了管理委员会，但未设立专门的林业行政主管部门，按照职责分工，洛阳市林业局应当对原告的投诉在法定期限内予以登记、报批，决定是否立案，并将结果反馈投诉人。洛阳市林业局在接到原告王宗治投诉后，应当依法对其投诉的事项进行调查处理，对确实存在违法事实的，应当依法立案查处。对不存在违法事实的，应当告知当事人。洛阳市林业局虽然已将该投诉事项移交给伊滨区农村工作办公室调查处理，但该局未提交证据证明该办公室具有查处林地违法案件的行政职能，也未提交证据证明该办公室是否进行了查处，不能证实该局已经履行了法定职责。

案例4　环保砖厂诉东方市林业局行政处罚案①

【裁判要点】

凡发现或者接到举报、控告、移送、上级交办、主动交代等违反林业法律、法规、规章的行为，应当填写《林业行政处罚登记表》，报行政负责人审批。对认为需要给予林业行政处罚的，在七日内予以立案；对认为不需要给予林业行政处罚的，不予立案。

【相关法条】

《林业行政处罚程序规定》第二十四条

【基本案情】

原告：东方城东长康环保砖厂

被告：东方市林业局

原告在东方市八所镇福久村建设年产6千万匹环保砖厂一座以及厂房和相关配套设施。2018年1月19日，被告到涉案土地现场勘查，通过GPS定点现场，实测占地面积为19.39亩②；套入东方市林地保护利用保护规划（2010—2020年）图，砖厂作业区面积16.82亩，全为林业用地，保护等级Ⅳ级，工人宿舍区面积2.57亩，全为林业用地，保护等级Ⅳ级。同年2月6日，被告作出责令停止非法占用林地的通知，要求原告立即停止非法占用林业用地行为。同年9月14日，

---

① 海南省东方市人民法院（2018）琼9007行初62号行政判决书。
② 1亩=1/15公顷。

被告作出《行政处罚事先告知书》，并于2018年9月17日送达给原告。2018年9月19日，原告申请听证。2018年9月20日，被告召开听证会。2018年9月21日，被告作出55号处罚决定。原告对55号处罚决定不服，向法院提起行政诉讼。庭审质证，被告在法定期限未向法庭提交立案登记、审批、处罚处理内容审批等程序文件，原告认为其程序不合法，被告提交的程序证据不充足。

【裁判结果】

确认被告作出55号《林业行政处罚决定书》行为违法。

【案例评析】

关于被告作出的55号处罚决定程序是否合法的问题。被告提交了询问笔录、现场勘查笔录、行政处罚事先告知书和行政处罚听证告知书等证据材料，证明被告在作出处罚决定前经过了询问调查和取证，履行了相关告知义务，并依据当事人申请举行了听证。但根据《林业行政处罚程序规定》第二十四条的规定，在初步调查程序之后发现违法行为，应当予以立案。被告提交的证据中没有立案审批材料。根据《最高人民法院关于适用〈中华人民共和国行政诉讼法〉的解释》第九十六条第一款第（三）项规定："有下列情形之一，且对原告依法享有的听证、陈述、申辩等重要程序性权利不产生实质损害的，属于行政诉讼法第七十四条第一款第二项规定的'程序轻微违法'：（三）其他程序轻微违法的情形。"被告没有对涉案违法行为进行立案审批应属于对原告依法享有的听证、陈述、申辩等重要程序性权利不产生实质损害的程序轻微违法的情形，应确认被告行政处罚行为违法。

二、案件管辖

（一）地域管辖

林业行政处罚由违法行为发生地的林业行政主管部门管辖。法律、法规授权的组织和林业行政主管部门依法委托的组织，管辖授权、委托范围内的林业行政处罚。

（二）级别管辖

县级林业行政主管部门管辖本辖区内的林业行政处罚。
地州级和省级林业行政主管部门管辖本辖区内重大、复杂的林业行政处罚。
国务院林业主管部门管辖全国重大、复杂的林业行政处罚。

（三）选择管辖

几个同级林业行政主管部门都有管辖权的林业行政处罚，由最初受理的林业行政主管部门处理；主要违法行为地的林业行政主管部门处理更为适宜的，可以移送主要违法行为地的林业行政主管部门处理。

(四)管辖争议

林业行政处罚管辖权发生争议的,报请共同上一级林业行政主管部门指定管辖。

(五)管辖权转移

上级林业行政主管部门在必要的时候可以处理下一级林业行政主管部门管辖的林业行政处罚,也可以把自己管辖的林业行政处罚交由下一级林业行政主管部门处理;下一级林业行政主管部门认为重大、复杂的林业行政处罚需要由上一级林业行政主管部门处理的,可以报请上一级林业行政主管部门决定。

三、处罚时效

《中华人民共和国行政处罚法》第二十九条第一款规定:"违法行为在二年内未被发现的,不再给予行政处罚。法律另有规定的除外。""违法行为在二年内未被发现的"是指行为人的违法行为发生之后,二年内未被行政主管部门发现,或者未被群众举报。该法第二款规定:"前款规定的期限,从违法行为发生之日起计算;违法行为有连续或者继续状态的,从行为终了之日起计算。"2018年9月21日,《国家林业和草原局关于非法占用林地行为追诉时效的复函》(林办发〔2018〕99号)明确:非法占用林地的违法行为,在未恢复原状之前,应视为具有继续状态,其行政处罚的追诉时效,应当根据《行政处罚法》第二十九条第二款的规定,从违法行为终了之日起计算。住房和城乡建设领域也存在类似的情形,违反规划许可、工程建设强制性标准进行建设、设计、施工,因其带来的建设工程质量安全隐患和违反城乡规划的事实始终存在,应当认定其行为有继续状态,根据《中华人民共和国行政处罚法》第二十九条的规定,行政处罚追诉时效应当自行为终了之日起计算,即应当自纠正违法行为之日起计算行政处罚时效[①]。

案例5 喀喇沁旗林业和草原局申请执行张某不履行行政处罚决定案[②]

【裁判要点】

违法行为在二年内未被发现的,不再给予行政处罚。法律另有规定的除外。

被申请执行的行政行为有明显缺乏事实根据的情形,人民法院应当裁定不准予执行。

【相关法条】

《中华人民共和国行政处罚法》第二十九条、《中华人民共和国行政强制法》第五十八条、《最高人民法院关于适用〈中华人民共和国行政诉讼法〉的解释》第

[①] 参见住房和城乡建设部《关于转发全国人大常委会法工委办公室〈对关于违反规划许可、工程建设强制性标准建设、设计违法行为追诉时效有关问题的意见〉的通知》(建法〔2012〕43号)。

[②] 内蒙古自治区喀喇沁旗人民法院(2019)内0428行审20号行政裁定书。

一百六十一条

【基本案情】

申请执行人：喀喇沁旗林业和草原局

被执行人：张某

2003年至2005年3月，张某在未经林业主管部门批准的情况下，擅自在牛家营子镇仓窖村四组平台子推地盖房子，经林业工程师鉴定，占用土地2.3亩，均为有林地、商品林，树种为大扁杏，属于2004年退耕还林，该地块于2015年调出林地范围。依据《中华人民共和国森林法实施条例》第四十三条第一款的规定，于2019年3月14日对张某处以下行政处罚：(1)责令于2019年9月8日前将改变用途的林地恢复原状；(2)罚款人民币15400.00元。张某缴纳了罚款，未将改变用途的林地恢复原状。申请执行人于2019年12月9日向法院申请强制执行行政处罚决定书中关于"责令于2019年9月8日前将改变用途的林地恢复原状"部分。

【裁判结果】

不准予强制执行。

【案例评析】

《中华人民共和国行政处罚法》第二十九条："违法行为在二年内未被发现的，不再给予行政处罚。法律另有规定的除外。前款规定的期限，从违法行为发生之日起计算；违法行为有连续或者继续状态的，从行为终了之日起计算。"本案中，案涉的地块已经于2015年调出林地范围。申请执行人2019年3月14日作出的行政处罚决定明显缺乏事实根据。故申请执行人的强制执行申请，法院不予准许。

案例6　严子富诉纳雍县林业局行政处罚案①

【裁判要点】

违法行为有连续或者继续状态的，从行为终了之日起计算追诉时效。

【相关法条】

《中华人民共和国行政处罚法》第二十九条

【基本案情】

原告：严子富

被告：纳雍县林业局

第三人：田兴志

原告于2000年独资开办长冲砂石厂。2007年5月11日，原告将长冲砂石厂转让给第三人，第三人经营至2015年。因长冲砂石厂从原告到第三人经营期间未向林业部门办理林地使用手续。2018年5月8日，被告作出《行政处罚决定书》，对长冲砂石厂(法定代表人为严子富、田兴志)、严子富、田兴志作出责令恢复原状、罚款人民币100000元的行政处罚。2018年5月9日，严子富、田兴志缴纳罚款。原告认为其经营期间是2000年至2007年，至处罚作出时，已经过了11年，远远超过2年的追诉时效，被告不能对原告作出行政处罚。

---

① 贵州省毕节市七星关区人民法院(原贵州省毕节市人民法院)(2018)黔0502行初134号行政判决书。

【裁判结果】

驳回原告的诉讼请求。

【案例评析】

长冲砂石厂从原告到第三人经营期间一直占用林地,未办理林地使用手续。《中华人民共和国行政处罚法》第二十九条规定:"违法行为在二年内未被发现的,不再给予行政处罚。法律另有规定的除外。前款规定的期限,从违法行为发生之日起计算;违法行为有连续或者继续状态的,从行为终了之日起计算。"按照最高人民法院行政审判庭(1997)法行字第26号对国土资源部的回复,对非法占用土地的违法行为,在未恢复原状之前,应视为具有继续状态,其行政处罚的追诉时效,应根据《中华人民共和国行政处罚法》第二十九条第二款的规定,从违法行为终了之日起计算。在此,继续状态的法律释义是指一个违法行为发生后,该行为以及由此造成的不法状态一直处于持续状态。原告擅自改变林地用途的违法行为发生后,其并没有将该违法状态恢复原状,导致该违法状态一直持续,原告未向林业部门申请办理林地使用手续,占用林地采石采砂的行为应受处罚。

案例7 赵辉诉瓦房店市林业水利局行政处罚案①

【裁判要点】

违法行为有连续或者继续状态的,从行为终了之日起计算追诉时效。

【相关法条】

《中华人民共和国行政处罚法》第二十九条

【基本案情】

原告:赵辉

被告:瓦房店市林业水利局

被告于2018年12月12日作出《林业行政处罚决定书》,认定原告于2009年左右在未经县级以上人民政府林业主管部门审核同意的情况下,擅自在瓦房店市谢屯镇大屯村小岛屯林地内建设海参育苗室一栋,擅自改变林地用途面积1631.5平方米,对原告处以以下行政处罚:(1)责令在收到《林业行政处罚决定书》之日起六个月内恢复原状。(2)处非法改变用途林地每平方米30元罚款,共计罚款人民币48945元(1631.5平方米×30元/平方米=48945元)。原告认为,其于2012年6月5日退出土地承包法律关系,大屯村民会收回了该土地,又将该土地重新于2012年7月1日发包给了孙宝敬,原告的违法行为已经于2012年6月5日停止,故被告不应再对原告进行处罚,更不应当要求其恢复原状。原告提起行政诉讼。

【裁判结果】

对原告的意见法院不予采纳。

【案例评析】

本案中,原告系案涉擅自改变林地用途行为的行为人,虽然不是现有土

---

① 辽宁省庄河市人民法院(2018)辽0283行初69号行政判决书。

地的使用人但并不能免除其承担违法的行为责任。占用林地的违法构筑物没有消除，原告违法行为处于继续状态，违法行为未终了，此情形不符合《中华人民共和国行政处罚法》第二十九条的规定，故原告提出已不是案涉土地的使用人，违法行为二年内未被发现，不应对原告作出行政处罚的意见，无事实和法律依据。

第三章
调　查

除适用简易程序可以当场作出的行政处罚外，林业行政主管部门必须按照一般程序规定实施林业行政处罚。林业行政主管部门发现公民、法人或者其他组织有依法应当给予行政处罚的行为的，必须全面、客观、公正地调查，收集有关证据；必要时，依照法律、法规的规定，可以进行检查。

调查处理林业行政处罚案件不得少于二人。

一、证据的种类

林业行政执法人员在调查处理林业行政处罚案件时应当依法收集证据。证据主要有以下几种：

(1) 书证；
(2) 物证；
(3) 视听资料；
(4) 电子数据；
(5) 证人证言；
(6) 当事人的陈述；
(7) 鉴定意见；
(8) 勘验笔录、现场笔录。

证据必须经过查证属实，才能作为认定案件事实的根据。

二、证据的合法性

林业主管部门对作出的行政行为负有举证责任，应当提供作出该行政行为的证据和所依据的规范性文件。

为解决林业行政处罚案件中某些专门性问题，林业行政主管部门可以指派或者聘请有专门知识的人进行鉴定；鉴定人应当提出书面鉴定意见，在鉴定书上签名或者盖章。

未经当事人发表意见的证据不能作为行政执法决定的依据。

刑事案件转化为行政案件办理的,刑事案件办理过程中收集的证据材料,可以作为行政案件的证据使用。

案例8　吴昌华诉施秉县林业局行政处罚案①

【裁判要点】

1. 被告向人民法院提供的在行政程序中采用的鉴定意见,应当载明委托人和委托鉴定的事项、向鉴定部门提交的相关材料、鉴定的依据和使用的科学技术手段、鉴定部门和鉴定人鉴定资格的说明,并应有鉴定人的签名和鉴定部门的盖章。

2. 当事人向人民法院提供证人证言的,应当附有居民身份证复印件等证明证人身份的文件。

【相关法条】

《最高人民法院关于行政诉讼证据若干问题的规定》第十三条、第十四条

【基本案情】

上诉人(原审被告):施秉县林业局

被上诉人(原审原告):吴昌华

被上诉人未经林业主管部门批准,租用林地开办洗矿场。2016年3月25日,上诉人作出《林业行政处罚决定书》,对被上诉人给予以下行政处罚:(1)责令吴昌华停止违法行为,限期恢复原状,补种损坏的林木;(2)对吴昌华处以罚款337001.70元。被上诉人不服,提起行政诉讼,请求撤销上诉人作出的处罚决定。

【裁判结果】

撤销上诉人作出的《林业行政处罚决定书》,由上诉人在本判决发生法律效力后六个月内重新作出行政行为。

【案例评析】

上诉人在行政诉讼中提交的《关于双井镇翁西村洗矿场违法使用林地蓄积的鉴定报告》没有载明委托人、委托鉴定事项、向鉴定部门提交的相关材料,亦无鉴定部门和鉴定人鉴定资格的说明,所提交的证人张某2、张某3、张某1、吴某1、吴某2、龙某的询问笔录没有附证人身份证复印件等证明证人身份的文件,上述证据分别违反了《最高人民法院关于行政诉讼证据若干问题的规定》第十四条、第十三条第(四)项的规定,均不能作为本案定案的依据,致使被上诉人违法占地面积事实不清。

案例9　吴某诉葫芦岛市连山区林业局行政处罚案②

【裁判要点】

被告向人民法院提供的在行政程序中采用的鉴定意见,应当载明委托人和委托鉴定的事项、向鉴定部门提交的相关材料、鉴定的依据和使用的科学技术手

---

① 贵州省黔东南苗族侗族自治州中级人民法院(2017)黔26行终26号行政判决书。
② 葫芦岛市龙港区人民法院(2017)辽1403行初53号行政判决书。

段、鉴定部门和鉴定人鉴定资格的说明,并应有鉴定人的签名和鉴定部门的盖章。通过分析获得的鉴定结论,应当说明分析过程。

【相关法条】

《最高人民法院关于行政诉讼证据若干问题的规定》第十四条

【基本案情】

原告:吴某

被告:葫芦岛市连山区林业局

被告通过办案人员现场勘查,专业技术人员鉴定,现场测量的数据对比连山区森林资源的档案,确认佳禾粮食收购站占用林地面积1116平方米。被告认定,佳禾粮食收购站未经林业主管部门批准占用林地1116平方米,佳禾粮食收购站事实上的建造人及所有人为原告。被告于2017年6月13日作出林业行政处罚决定,责令原告吴某30日内恢复林地原状并罚款11160元。原告吴某向法院提起行政诉讼,要求撤销林业行政处罚决定。

【裁判结果】

撤销被告作出的林业行政处罚决定。

【案例评析】

占用林地1116平方米的依据是2017年6月5日王阳、杨立军出具的鉴定意见书。《最高人民法院关于行政诉讼证据若干问题的规定》第十四条规定:被告向人民法院提供的在行政程序中采用的鉴定意见,应当载明委托人和委托鉴定的事项、向鉴定部门提交的相关材料、鉴定的依据和使用的科学技术手段、鉴定部门和鉴定人鉴定资格的说明,并应有鉴定人的签名和鉴定部门的盖章。通过分析获得的鉴定结论,应当说明分析过程。被告提供的鉴定意见书不符合该规定。该鉴定意见书没有写明鉴定机构名称,也没有印鉴。故仅凭王阳、杨立军签名的鉴定意见书认定佳禾粮食收购站占用林地1116平方米缺乏形式要件。被告认定事实的主要证据不足,依法应予撤销。

案例10 刘天寿诉贵德县森林公安局行政处罚案①

【裁判要点】

被告向人民法院提供的在行政程序中采用的鉴定意见,应当载明委托人和委托鉴定的事项、向鉴定部门提交的相关材料、鉴定的依据和使用的科学技术手段、鉴定部门和鉴定人鉴定资格的说明,并应有鉴定人的签名和鉴定部门的盖章。

【相关法条】

《最高人民法院关于行政诉讼证据若干问题的规定》第十四条

【基本案情】

原告:刘天寿

被告:贵德县森林公安局

2017年4月6日被告的工作人员在河西镇某农庄西南处发现原告在林间空地

---

① 青海省贵德县人民法院(2017)青2523行初1号行政判决书。

内填土开垦,原告称其填土后准备栽植干柴牡丹,2017年4月10日被告立案。2017年5月8日,被告委托贵德县林业调查队对被开垦地域的地类、林班及小班、面积进行鉴定,在聘请书中要求鉴定人员的职业资质为中级以上;2017年6月6日,被告以《责令限期整改通知书》要求原告在2017年6月7日前清除填充在林地内的土石料,恢复林地原状;2017年6月20日,被告向原告送达《林业行政处罚先行告知书》;2017年7月21日,被告以《林业行政处罚听证权利告知书》告知原告有申请听证的权利;2017年7月27日,被告以原告的填土行为属于非法开垦林地为由,依据《中华人民共和国森林法实施条例》第四十一条的规定,对原告处以7204元罚款的行政处罚。原告不服,提起行政诉讼。

【裁判结果】

撤销被告作出的《林业行政处罚决定书》。

【案例评析】

被告在向贵德县林业调查队出具聘请书时,在聘请书上明确要求鉴定人员的资质为中级以上,但在贵德县林业调查队出具的鉴定意见书中记载鉴定人员为蔡某某、杜某某,经查,蔡某某为林业工程师、杜某某为助理工程师,被告称杜某某的资格证书上显示的是初级职称,但目前已具备中级职称的资格。被告既然要求鉴定人员的资质为中级以上,那么鉴定人员的鉴定资质就应为中级以上,具备中级职称的资格与具有中级职称系不同的概念,被告要求鉴定人员的资质为中级以上,但杜某某不具有中级职称,故贵德县林业调查队作出的鉴定意见书系鉴定人员不具有被告要求的相应资质而属于违反法定程序而作出的鉴定,被告以此认定原告开垦林地的种类和面积,被告作出的行政处罚决定属违反法定程序。

【其他问题】

本案法院撤销《林业行政处罚决定书》还有如下理由:《中华人民共和国森林法》和《中华人民共和国森林法实施条例》均规定,擅自开垦林地,致使森林、林木受到毁坏的,依法予以处罚,在被告向原告作出的林业行政处罚决定书中,被告认为原告的行为属于非法开垦林地,但原告开垦林地的行为是否对森林或林木造成了毁坏并没有进行认定,故被告做出行政处罚决定的证据不足。

在另一起案件中①,主要争议焦点是上诉人在林地内种植花生的行为是否属于违法行为,是否应当受到行政处罚。根据《中华人民共和国森林法实施条例》第四十一条第二款的规定:"违反森林法和本条例规定,擅自开垦林地,致使森林、林木受到毁坏的,依照森林法第四十四条的规定予以处罚;对森林、林木未造成毁坏或者被开垦的林地上没有森林、林木的,由县级以上人民政府林业主管部门责令停止违法行为,限期恢复原状,可以处非法开垦林地每平方米10元以下的罚款。"根据上述法律规定,只要是擅自开垦林地的行为就属于违法行为,而是否造成森林、林木毁坏只是确定不同处罚标准的依据,并非认定是否属于违法行为的依据。至于上诉人提出的被上诉人没有拿出其毁林的证据,因此不能对其

---

① 辽宁省铁岭市中级人民法院(2017)辽12行终71号行政判决书。

进行处罚的理由,没有法律依据。

对比两案,两地法院对同一种违法行为构成有不同的认定,抛开具体案件事实,仅从法律依据着手,"对森林、林木未造成毁坏……"如何处罚的法律依据是存在的:由县级以上人民政府林业主管部门责令停止违法行为,限期恢复原状,可以处非法开垦林地每平方米10元以下的罚款。

案例11　杨立兵诉阿拉善左旗科学技术和林业草原局行政处罚案①

【裁判要点】

鉴定机构应当具备认定涉案"毁坏林木价值"的资质;鉴定人进行鉴定后,应当提出书面鉴定结论并签名或者盖章,注明本人身份。

【相关法条】

《林业行政处罚程序规定》第三十条

【基本案情】

原告:杨立兵

被告:阿拉善左旗科学技术和林业草原局

2018年9月11日,被告对上级交办的"杨立兵擅自开垦林地案"立案,经调查、审查和集体讨论,被告于2018年10月29日作出林业行政处罚决定书:(1)责令停止违法行为;(2)责令补种31.84亩的灌木;(3)处以31.84亩×6立方米/亩×600元/立方米×4倍×0.5倍=229248元的罚款。原告认为被告以每立方米600元计算罚款无法律依据,提起行政诉讼,请求判令撤销被告作出的《林业行政处罚决定书》。

【裁判结果】

撤销《林业行政处罚决定书》第三项的处罚内容,责令被告对罚款重新作出行政行为。

【案例评析】

《中华人民共和国森林法》第二十三条第一款规定:"禁止毁林开垦和毁林采石、采砂、采土以及其他毁林行为。"原告为建设苗圃基地开垦林地31.84亩的行为违反上述法律规定,依据《中华人民共和国森林法实施条例》第四十一条第二款"违反森林法和本条例规定,擅自开垦林地,致使森林、林木受到毁坏的,依照森林法第四十四条的规定予以处罚"之规定,原告应承担相应法律责任。《中华人民共和国森林法》第四十四条规定:"违反本法规定,进行开垦、采石、采砂、采土、采种、采脂和其他活动,致使森林、树木受到毁坏的,依法赔偿损失;由林业主管部门责令停止违法行为,补种毁坏株数一倍以上三倍以下的树木,可以处毁坏林木价值一倍以上五倍以下的罚款。"故被告作出的《林业行政处罚决定书》第一项"责令停止违法行为"和第二项"责令补种31.84亩的灌木"行政处罚决定证据确凿,适用法律、法规正确,程序合法。关于《林业行政处罚决定书》第三项"处以31.84亩×6立方米/亩×600元/立方米×4倍×0.5倍=229248元

---

① 内蒙古自治区阿拉善左旗人民法院(2019)内2921行初14号行政判决书。

的罚款",根据《中华人民共和国森林法》第四十四条之规定,罚款数额应为毁坏林木价值一倍以上五倍以下,被告作出此项处罚决定的主要依据为阿拉善盟林业调查规划设计队于2018年9月20日出具的《关于"杨立兵、杨立军涉嫌非法开垦占用林地案件"的相关说明》,阿拉善盟林业调查规划设计队具有乙级林业调查规划设计资质,用于涉林案件专业鉴定使用,其资质证书载明的业务范围为:森林资源、野生动植物资源、荒漠化土地调查监测和评价;森林分类区划界定;占用征收林地可行性报告编制;森林资源规划设计调查;实施方案编制;林业专项核查;林业作业设计调查;营造林规划设计;林业数表编制;地方林业标准制定。上述业务范围并不包含"林木价值"的鉴定,阿拉善盟林业调查规划设计队不具备认定涉案"毁坏林木价值"的资质;同时,该说明仅加盖"阿拉善盟林业调查规划设计队"印章,鉴定人员未具名,形式有瑕疵。被告以此认定"毁坏林木价值"并作出处罚,属行政处罚依据的主要证据不足。

案例12 西山公墓诉西宁市林业和草原局行政处罚案[①]

【裁判要点】

在林地性质、面积的认定上,鉴定人员应当就鉴定的过程、鉴定依据等基本情况进行明确的说明。

【相关法条】

《中华人民共和国行政诉讼法》第三十四条

【基本案情】

上诉人(原审被告):西宁市林业和草原局(西宁市园林局)

被上诉人(原审原告):青海省西山公墓

原告在未取得林地审批手续的情况下进行了山坡平整、修建平台佛像等建设行为。被告按照林业行政违法案件立案调查。在行政案件办理过程中,被告向原告告知拟委托有资质的机构对案涉土地面积进行测量,在其所提供的三家鉴定机构中原告选择了"西宁市国土资源局测绘院"进行现场勘验。在被告提交的《现场勘验笔录》中载明"现场勘验单位:西宁市国土管理局测绘院",但在笔录中并无测绘人员的签字确认。西宁市国土资源局测绘院作出《关于殷家庄小园山地块面积统计及地类查询事宜的情况说明》,被告作出《鉴定意见告知书》告知原告被测宗地范围地类全部为其他林地,被测宗地实测面积为5.68亩。原告对该鉴定意见不服,提出鉴定意见异议书。被告作出《西宁市林业局关于青海省西山公墓〈鉴定意见异议书〉的答复》,向原告送达,原告拒绝签字。被告作出林业行政处罚决定书,认定:原告未经林业主管部门批准,擅自改变林地用途,在所占用林地上推出三处平台并修建佛像及亭台,面积5.68亩。依照《中华人民共和国森林法实施条例》第四十三条的规定,给予罚款113605元和责令限期恢复林地原貌的处罚决定。原告收到该决定书后认为被告所依据的鉴

[①] 青海省西宁市中级人民法院(2019)青01行终74号行政判决书、青海省西宁市城西区人民法院(2019)青0104行初24号行政判决书。

定结论有异议且程序违法,向法院提起行政诉讼,请求撤销被告作出的行政处罚决定书。

【裁判结果】

撤销被告作出的林业行政处罚决定书。

【案例评析】

原告未经相关主管部门审核同意,在殷家庄小园山违法修建亭台佛像的事实存在,被告虽在鉴定涉案面积时允许原告对鉴定机构进行选择,但是从被告提交的证据来看,在《现场勘验笔录》中并未显示有鉴定机构人员的签字确认,且在之后仅有西宁市测绘院出具《关于殷家庄小园山地块面积统计及地类查询事宜的情况说明》作为鉴定结论使用。原告对该鉴定结论提出异议后,作出答复的机关为被告而非鉴定机构。行政证据应在依法收集并经行政机关审核确认可以证明案件事实的情况下,才能作为定案依据。对于土地测绘涉及一般人不熟悉的专业知识,其结论的准确性对当事人至关重要。因此,鉴定人员应当就鉴定的过程、鉴定依据等基本情况进行明确的说明。本案被告虽在庭审时提交了界址点成果图、土地利用现状图,但就测绘面积的得出结论并不能作出明确的说明,其提交的土地利用现状图对测量的四至界点亦无明确的标示,实难确保结论的准确性与可靠性。被告仅依据简单的情况说明认定原告占用其他林地5.68亩并作出行政处罚决定属认定事实不清,主要证据不足,依法应予撤销。

案例13 张国臣诉宁城县林业局行政确认案①

【裁判要点】

作为证据使用的林地鉴定意见,在测量时应当通知当事人到场;鉴定意见作出后,应当向当事人送达。对被告在行政程序中采纳的鉴定意见,原告提出鉴定程序严重违法的,人民法院不予采纳。

【相关法条】

《最高人民法院关于行政诉讼证据若干问题的规定》第六十二条

【基本案情】

原告:张国臣

被告:宁城县林业局

原告将位于某县前河套边的杨树出售给程玉栋,程玉栋进行了采伐。宁城县森林公安局在接到群众举报后,对此案立案侦查,在侦查中发现程玉栋采伐购买原告杨树的地块未办理林权证,不能确定该地块是否在林业用地管理范围内。为查清程玉栋采伐杨树的地块是否属于林业用地,2016年12月27日,宁城县森林公安局书面向被告宁城县林业局请示。2017年1月9日,被告以《关于三座店镇哈日和硕村四组张国臣位于前河套边杨树地类属性的认定意见》(以下简称《认定意见》)向宁城县森林公安局作出答复确定程玉栋采伐林木的地块属于林业用地。被告在作出《认定意见》时,曾对涉案地块进行GPS测量,但未通知原告到场;

---

① 内蒙古自治区宁城县人民法院(2017)内0429行初24号行政判决书。

作出《认定意见》后也未向原告送达。原告向法院起诉,请求撤销被告作出的《认定意见》。

【裁判结果】

撤销被告作出的《认定意见》。

【案例评析】

被告认为作出的《认定意见》是依据《宁城县林地保护利用规划(2010—2020年)》数据库和2001年森林资源分布图作出的,能够真实证明程玉栋采伐购买原告杨树的地块为林业用地,故被告作出的《认定意见》认定事实清楚,于法有据,合法有效。但是,被告在对涉案地块进行GPS测量,应通知原告到场指界;《认定意见》亦应向原告送达。因此,被告在作出行政确认时,未履行正当程序,应予撤销。

案例14　高标砖厂诉郴州市苏仙区林业局行政处罚案[①]

【裁判要点】

作为证据使用的鉴定意见,应依法送达给当事人,当事人对鉴定意见有异议的,可以提出重新鉴定。林业主管部门未将鉴定意见送达给当事人,却以鉴定结论为依据作出行政处罚决定,属程序违法。

【相关法条】

《林业行政处罚程序规定》第十六条

【基本案情】

上诉人(原审原告):高标砖厂

上诉人(原审被告):郴州市苏仙区林业局

2017年5月5日,苏仙区林业局根据170号鉴定意见认定的违法事实,对高标砖厂擅自改变林地用途的违法行为处以行政处罚:责令停止违法行为;并责令限2017年9月30日前将擅自改变林地用途4.31亩恢复原状;并罚款43100元。高标砖厂因不服该行政处罚决定,向人民法院提起行政诉讼,请求撤销苏仙区林业局作出的林业行政处罚决定。

【裁判结果】

(1)撤销被告作出的《林业行政处罚决定书》;(2)限被告在本判决生效后一个月内重新作出行政处罚。

【案例评析】

《林业行政处罚程序规定》第十六条:"证据必须经过查证属实,才能作为认定案件事实的根据。"《湖南省行政程序规定》第七十一条规定:作为行政执法决定依据的证据应当查证属实。当事人有权对作为定案依据的证据发表意见,提出异议。未经当事人发表意见的证据不能作为行政执法决定的依据。本案中,司法鉴定所作出的170号鉴定意见应当依法送达给原告。原告在一、二审中均否认收到170号鉴定意见。为此,被告应提供证据证明被告在作出被诉行政处罚决定前

[①] 湖南省资兴市人民法院(2017)湘1081行初419号行政判决书、湖南省郴州市中级人民法院(2018)湘10行终62号行政判决书。

已将170号鉴定意见送达给原告。但被告在一、二审中均未提供相关送达的证据予以证明，而只是提交了一份情况说明。该情况说明为被告自己出具，并不足以证明170号鉴定意见已依法送达给原告。故，170号鉴定意见不能作为被诉行政处罚决定的依据。被告作出的林业行政处罚决定，主要证据不足，违反法定程序，应予以撤销。

案例15　步路乡外宅村第六村民小组诉仙居县林业局行政处罚案①

【裁判要点】

对被告在行政程序中采纳的鉴定结论，原告或者第三人提出鉴定程序严重违法的，人民法院不予采纳。

【相关法条】

《最高人民法院关于行政诉讼证据若干问题的规定》第六十二条

【基本案情】

原告：步路乡外宅村第六村民小组

被告：仙居县林业局

第三人：应友福

2018年4月13、14日，第三人牵头组织人员用挖土机在步路乡某山场连夜突击抢建将道路挖通，将道路路基范围内的树木挖掘并丢弃在现场。被告接到举报，2018年4月16日立案调查，并聘请仙居县森拓林业开发有限公司对仙居县步路乡某山场范围内被毁坏林木立木材积、树种及株数进行技术鉴定。2018年5月21日仙居县森拓林业开发有限公司作出《鉴定意见书》，鉴定结论为：步路乡某山场范围山块内被毁坏林木立木材积5.0023立方米，计180株。其中杉树立木材积1.0401立方米，计54株，松木立木材积2.1261立方米，计49株，阔叶树立木材积1.8361立方米，计77株。被告于2018年5月30日将鉴定结论通知第三人，第三人对鉴定结论无异议。2018年7月15日被告向第三人告知违法事实、处罚依据、处罚内容及其享有的陈述申辩权，第三人表示无异议，要求尽快处理。同日，被告作出《林业行政处罚决定书》，认定第三人违反《中华人民共和国森林法》第二十三条第一款，构成毁坏林木行为，依据《中华人民共和国森林法》第四十四条第一款，对第三人作出如下行政处罚：一、责令于2019年3月30日前补种三倍树木计540株；二、处毁坏林木价值三倍罚款，计人民币贰仟捌佰捌拾陆圆整(2886.00元)。原告不服而提起诉讼。

【裁判结果】

撤销被告作出的《林业行政处罚决定书》。

【案例评析】

第三人在修建道路过程中，毁坏了步路乡某山场的林木，被告聘请仙居县森拓林业开发有限公司对毁坏林木的立木材积、株数进行了鉴定，该公司作出《鉴

---

① 浙江省仙居县人民法院(2018)浙1024行初58号一审行政判决书。

定意见书》，被告将鉴定结论通知了第三人，并将该鉴定结论作为对第三人进行行政处罚的量罚根据。虽然第三人对鉴定结论无异议，但由于本案鉴定结论直接关系到原告的权利受损程度，根据正当程序原则，被告在通知第三人的同时，也应通知原告，听取原告对鉴定结论的意见，因被告没有通知原告，剥夺了原告的陈述和申辩权利，该程序环节的缺失，可能对行政处罚的公正产生影响，故应认定被告作出的行政处罚程序违法，应予撤销。

案例16 庄秀峰、孟显德诉翁牛特旗森林公安局行政处罚案①

【裁判要点】

林业行政执法人员在调查处理林业行政处罚案件时应当依法收取证据。证据必须经过查证属实，才能作为认定案件事实的根据。

【相关法条】

《林业行政处罚程序规定》第十六条

【基本案情】

原告：庄秀峰、孟显德

被告：翁牛特旗森林公安局

原告孟显德、庄秀峰于2016年4月19日，委托他人找人将南果园28株梨树砍伐后，经人举报，被告立案，调查核实，原告孟显德、庄秀峰砍伐的28株梨树归翁牛特旗桥头镇灯笼村二组南小组所有。原告孟显德、庄秀峰擅自砍伐村民组集体所有的梨树28株的行为，已构成盗伐林木。决定对庄秀峰、孟显德处以下行政处罚：(1)责令补种树木280株；(2)没收盗伐的树木；(3)处罚人民币陆万柒仟贰佰圆(67200.00元)。原告庄秀峰、孟显德不服，请求撤销行政处罚决定书。另查明，涉案被砍伐的28株梨树的树根4株被挖出地面，其中1株在现场，另外3株被桥头派出所拉走，其余24株树根仍在。

【裁判结果】

撤销被告作出的林业行政处罚决定书。

【案例评析】

两位原告对找人将涉案28株梨树砍伐事实予以认可，依据《中华人民共和国森林法》第三十二条"采伐林木必须申请采伐许可证……"的规定，两位原告在未取得林木采伐许可证的情况下砍伐上述林木的行为违反了该规定，基于两位原告的违法事实，被告聘请翁牛特旗林业鉴定中心的正高级、中级林业工程师对涉案的28株梨树出具鉴定意见及补充说明。并依据该鉴定意见和补充说明委托翁牛特旗发展改革局价格鉴定中心"对孟显德、庄秀峰采伐梨树在2016年4月20日的总价格进行认定"。翁牛特旗发展改革局作出价格认定结论书，但该价格认定结论书第三项"价格认定基准日2016年5月30日"与被告申请价格认定协助书记载对2016年4月20日的总价格进行认定的价格认定基准日不一致。该价格认定结论第九项"3、本鉴定结论价格仅指该价格鉴定基准日时的价格鉴定标的价格，

---

① 翁牛特旗人民法院(2016)内0426行初58号行政判决书。

若该价格鉴定基准日发生变化,鉴定价格将发生变化"。因涉案鉴定标的的鉴定基准日与申请鉴定人的申请不一致,导致该价格鉴定结论第八项的鉴定标的的市场价格为人民币 22400.00 元发生变化。另从该价格认定结论第九项"价格认定条件 5、因价格认定标的已经灭失(尚存伐根),本结论书的价格认定结论依据提出方提供的资料"和"价格认定标的明细表标的物状况"看,该价格鉴定结论没有明确是否包括涉案被砍伐的 28 株梨树果实收益和人工管理费用。因该价格认定结论存在上述不确定因素,被告不应依据该价格认定结论作为处罚两位原告行政罚款数额的依据。被告作出被诉行政行为时,未对涉案被砍伐 28 株梨树的价格认定结论合法性及合理性尽审慎的审查义务,违反林业行政处罚的法定程序,被诉行政行为应当予以撤销。

案例 17 杜平诉丹东市林业局行政处罚案①

【裁判要点】

刑事案件转为行政案件办理的,刑事案件办理过程中收集的证据材料,可以作为行政案件的证据使用。

【相关法条】

《公安机关办理行政案件程序规定》第三十三条

【基本案情】

上诉人(原审原告):杜平

上诉人(原审被告):丹东市林业局

2017 年 1 月 22 日,丹东市森林公安局对轻工设备厂旁非法占用农用地一案立案侦查。2017 年 8 月 4 日,被告根据丹东市森林公安局所调取的证据决定将原告杜平擅自改变林地用途、擅自开垦林地案立为林业行政案件,2017 年 8 月 29 日,被告作出责令限期恢复原状通知书及林业行政处罚决定书并向原告送达。2017 年 9 月 7 日丹东市森林公安局撤销轻工设备厂旁非法占用农用地刑事案件。原告不服行政处罚决定,提起行政诉讼。

【裁判结果】

一审法院认为,丹东市森林公安局在侦查过程中认为案件事实尚未达到刑事案件立案标准,将案件撤销。被告却在立案后,直接根据丹东市森林公安局在侦查过程中取得的证据对原告作出林业行政处罚,未对证据进行查证核实,其行为违反了林业行政处罚办案程序规定,应予撤销。

二审法院认为,一审法院撤销理由不当,应予纠正。

【案例评析】

《公安机关办理刑事案件程序规定》第一百七十四条规定:"经过审查,对于不够刑事处罚需要给予行政处理的,依法予以处理或者移送有关部门",《林业行政处罚程序规定》第十六条规定:"林业行政执法人员在调查处理林业行政处罚案件时应当依法收取证据,证据必须经过查证属实,才能作为认定案件事实的根据"。

---

① 辽宁省丹东市中级人民法院(2018)辽 06 行终 80 号二审行政判决书。

根据《国家林业局关于森林公安机关办理林业行政案件有关问题的通知》（林安发〔2013〕206号）①"森林公安机关可以依法以其归属的林业主管部门的名义受理、查处林业行政案件，在对外法律文书上加盖林业主管部门的印章"的规定，林业行政处罚可以由森林公安机关负责具体受理、调查工作。换言之，丹东市森林公安局可以以林业局的名义，直接受理、调查林业行政处罚案件。根据《公安机关办理行政案件程序规定》第二十九条②的规定"刑事案件转化为行政案件办理的，刑事案件办理过程中收集的证据材料，可以作为行政案件的证据使用"，因此非法占用农用地一案在不构成刑事犯罪的情况下，丹东市森林公安局以丹东市林业局的名义直接依据在刑事案件侦查过程中形成的证据作出行政处罚符合规定。

【其他问题】

根据《国家林业局关于森林公安机关办理林业行政案件有关问题的通知》（林安发〔2013〕206号）第二条"达到刑事案件立案标准的，森林公安机关必须立为刑事案件，不得以行政处罚代替刑事处罚。森林公安机关立案侦查的刑事案件经批准撤销案件、人民检察院作出不起诉决定、人民法院作出无罪判决的，需要给予林业行政处罚的，应当依法作出处罚决定"的规定，森林公安机关认为需要给予林业行政处罚的案件，应当在刑事案件经批准撤销后，再依法作出行政处罚决定。本案中，丹东市森林公安局于2017年8月29日作出林业行政处罚决定，早于2017年9月7日作出撤销刑事案件决定，违反了上述程序性规定，但对当事人的实体权利义务并不产生实际影响，应认定为程序轻微违法。

案例18　富祥矿业有限公司诉道县林业局行政处罚案③

【裁判要点】

刑事案件转为行政案件办理的，刑事案件办理过程中收集的证据材料，可以作为行政案件的证据使用。

【相关法条】

《公安机关办理行政案件程序规定》第三十三条

【基本案情】

上诉人（原审原告）：道县富祥矿业有限公司

上诉人（原审被告）：道县林业局

原告系道县人民政府的招商引资企业，办理了采矿许可证，在租赁的灌木林地开采铁矿，大部分林地是重复占用，有近期使用痕迹，原告2013年以来使用的林地面积为67.749亩。征占用林地的手续正在申请办理当中。道县人民检察院认为，原告实施了刑法第三百四十二条规定的行为，构成非法占用农用地罪。根据刑法第三十条之规定，对于犯罪情节轻微不需要判处刑罚的，可以免予刑事

---

① 《国家林业局关于森林公安机关办理林业行政案件有关问题的通知》（林安发〔2013〕206号），有效期至2018年12月31日。

② 根据2018年11月25日公安部令第149号《公安部关于修改〈公安机关办理行政案件程序规定〉的决定》第二次修正后，第二十九条修改为第三十三条。

③ 湖南省永州市中级人民法院（2017）湘11行终149号行政判决书。

处罚。依据刑事诉讼法第一百七十三条第二款的规定,决定对道县富祥矿业有限公司不起诉。同时,道县人民检察院向被告提出检察建议,要求被告对原告给予行政处罚。2016年8月8日,被告作出林业行政处罚决定书:"认定原告非法占用林地327.5亩,责令原告在2017年4月1日之前恢复原状,并罚款贰佰壹拾捌万叁仟叁佰肆拾肆圆贰角伍分(¥2183344.25元)。"原告不服该处罚决定向法院提起行政诉讼。

【裁判结果】

撤销被告作出的林业行政处罚决定,由被告重新作出行政行为。

【案例评析】

根据《公安机关办理行政案件程序规定》,刑事案件转为行政案件办理的,刑事案件办理过程中收集的证据材料,可以作为行政案件的证据使用。2015年6月24日,道县人民检察院作出不起诉决定书,认定原告2013年以来使用的林地面积为67.749亩。2016年8月8日,被告对原告作出林业行政处罚决定,认定原告非法占用林地面积为327.5亩,否定了道县人民检察院不起诉决定书对该案的事实认定。所以,被告作出的林业行政处罚决定认定事实不准确,主要证据不足,依法应予撤销重作。

三、行政强制措施

行政强制措施,是指行政机关在行政管理过程中,为制止违法行为、防止证据损毁、避免危害发生、控制危险扩大等情形,依法对公民的人身自由实施暂时性限制,或者对公民、法人或者其他组织的财物实施暂时性控制的行为。林业行政强制措施包括查封、封存、扣押等(表3-1)。

表3-1 林业行政强制措施

法律	措施	条文内容
《中华人民共和国森林法》第六十七条	查封扣押	县级以上人民政府林业主管部门履行森林资源保护监督检查职责,有权采取下列措施: (一)进入生产经营场所进行现场检查; (二)查阅、复制有关文件、资料,对可能被转移、销毁、隐匿或者篡改的文件、资料予以封存; (三)查封、扣押有证据证明来源非法的林木以及从事破坏森林资源活动的工具、设备或者财物; (四)查封与破坏森林资源活动有关的场所
《中华人民共和国种子法》第五十条	查封扣押	农业、林业主管部门依法履行种子监督检查职责时,有权采取下列措施: (一)进入生产经营场所进行现场检查; (二)对种子进行取样测试、试验或者检验; (三)查阅、复制有关合同、票据、账簿、生产经营档案及其他有关资料; (四)查封、扣押有证据证明违法生产经营的种子,以及用于违法生产经营的工具、设备及运输工具等; (五)查封违法从事种子生产经营活动的场所

(续)

法律	措施	条文内容
《植物检疫条例》第十八条	封存	对违反本条例规定调运的植物和植物产品，植物检疫机构有权予以封存、没收、销毁或者责令改变用途
《中华人民共和国植物新品种保护条例》第四十一条	封存扣押	省级以上人民政府农业、林业行政部门依据各自的职权在查处品种权侵权案件和县级以上人民政府农业、林业行政部门依据各自的职权在查处假冒授权品种案件时，根据需要，可以封存或者扣押与案件有关的植物品种的繁殖材料，查阅、复制或者封存与案件有关的合同、账册及有关文件
《中华人民共和国行政处罚法》第三十七条	先行登记保存	行政机关在收集证据时，可以采取抽样取证的方法；在证据可能灭失或者以后难以取得的情况下，经行政机关负责人批准，可以先行登记保存，并应当在七日内及时作出处理决定，在此期间，当事人或者有关人员不得销毁或者转移证据

（一）先行登记保存

林业行政主管部门收集证据时，在证据可能灭失或者以后难以取得的情况下，经行政机关负责人批准，可以先行登记保存，填写《林业行政处罚登记保存通知单》，并应当在七日内及时作出处理决定，在此期间，当事人或者有关人员不得销毁或者转移证据。

案例19　祝永胜诉固阳县林业局先行登记保存案[①]

【裁判要点】

行政机关在证据可能灭失或者以后难以取得的情况下，可以先行登记保存证据，并应在七日内作出处理。能够通过现场复印、拍照、录像、记录等方式固定证据的，尽量不要采用先行登记保存。

【相关法条】

《中华人民共和国行政处罚法》第三十七条第二款

【基本案情】

原告：祝永胜

被告：固阳县林业局

2015年7月22日20时许，被告禁牧队工作人员五人在原告所居住的村庄西滩劝说、阻止原告放牧时，以证据保全为由，扣押原告放牧的山羊4只，原告不同意，与禁牧工作人员发生争执。被告提供的《林业行政处罚保全证据通知单》及行政执法记录仪对行政执法现场的全程录像均可以证明原告存在放牧的行为。原告认为自己未实施违法行为，被告实施的强制措施没有任何法律、法规依据。向法院提起行政诉讼，请求确认被告扣押原告山羊的行政行为违法。

---

① 达尔罕茂明安联合旗人民法院（2015）达行初字第69号行政判决书。

【裁判结果】
撤销被告作出的《林业行政处罚保全证据通知单》。
【案例评析】
本案被告工作人员在执法过程中,准备扣押原告财物以保存证据时,原告不同意,被告在带有行政执法记录仪,完全可以采取录像等其他方式保存证据的情况下,仍选择扣押原告财物,且三个月后未作进一步处理,违反《中华人民共和国行政处罚法》第三十七条的规定,更不符合《中华人民共和国行政强制法》的有关规定,其行政行为违反法定程序,适用法律错误,应予撤销。

案例 20　孟令堆诉长垣县农林畜牧局先行登记保存案①

【裁判要点】
先行登记保存限于涉案的场所、设施或者财物,物品名称、种类应当填写完整。
【相关法条】
《中华人民共和国行政处罚法》第三十七条第二款
【基本案情】
原告:孟令堆
被告:长垣县农林畜牧局
2016年4月1日上午,原告和胡江涛、胡江舵、秦某、孟得举到长垣县芦岗乡三青观村,购买该村刘彩云家院内两棵榆树,几人将两棵树伐倒装好车准备走时,被被告执法人员拦截,当场出具了《林业行政处罚登记保存通知单》。原告签字后,被告将三马车一辆及两棵榆树(5 根,计1.083立方米)一并封存。原告于2015年5月23日向法院提起行政诉讼。

庭审中,被告提供的证据之一《林业行政处罚登记保存通知单》存根,证明被告按照程序实施了原地封存强制措施并将文书送达给原告。原告对被告提供的该证据有异议,认为该封存登记实施时没有经过行政机关负责人批准,也没有在登记封存七日内作出处理决定;该登记保存通知单仅显示三马车一辆而没有显示车上的木材。该行为程序违法。

【裁判结果】
(1)撤销被告作出的《林业行政处罚登记保存通知单》;(2)被告返还原告三马车一辆及两棵榆树(5 根,计1.083立方米)。
【案例评析】
被告工作人员到达执法现场后,制作了《林业行政处罚登记保存通知单》,对原告的三马车及树木进行了封存。被告实际封存物品与《林业行政处罚登记保存通知单》载明的封存物品不一致。因此,该登记保存行为认定事实不清,证据不足,且被告也未在法定期限七日内作出处理,程序违法,属可撤销的行政行为,依法应予撤销。

---

① 河南省封丘县人民法院(2016)豫0727行初27号行政判决书。

(二)查封扣押

查封是行政机关限制当事人对其财产的使用和处分的强制措施。主要是对不动产或者其他不便移动的财产,由行政机关以加贴封条的方式限制当事人对财产的移动或者使用。法律、法规中除使用"查封"外,还经常使用"封存"一词。

扣押是行政机关解除当事人对其财产的占有,并限制其处分的强制措施。与查封的区别:一是扣押主要是针对可移动的财产;二是扣押的财产由行政机关保管。除了使用"扣押"外,法律、法规中还经常使用"暂扣""扣留"等。

案例21 寇明明诉方正县林业局行政强制案[①]

【裁判要点】

行政机关决定实施查封、扣押的,应当制作并当场交付查封、扣押决定书和清单。查封、扣押决定书应当载明行政机关的名称、印章和日期。

【相关法条】

《中华人民共和国行政强制法》第二十四条

【基本案情】

原告:寇明明

被告:方正县林业局

2017年3月26日,方正县林业局执法人员为了保存证据,将涉嫌盗伐林木的农用车扣留,就近存放在大砬子林场。2017年3月26日下午执法人员在林业局资源林政股案件审理室给参与倒运木材的申平开具了《暂扣通知单》。原告以此农用车为原告所有,执法人员执法时未拿执法记录仪,未出示执法证,未在《暂扣通知单》加盖公章,被告的执法程序严重违反法定程序为由,向法院提起行政诉讼,请求法院判决撤销该《暂扣通知单》。

【裁判结果】

驳回原告的诉讼请求。

【案例评析】

本案法院未认定被告程序违法。法院认为,《黑龙江省森林管理条例》第三十九条规定:"受雇和帮工参与盗伐以及为盗伐人提供运输工具的,处以相当于盗伐人罚款额度50%的罚款。盗伐、运输工具予以扣留,在限期内不接受处理的,可以变卖盗伐、运输工具,折抵赔偿损失和罚款。"方正县林业局作为本辖区森林资源行政主管部门,负有本辖区内森林资源的管理职责,对涉及违法或犯罪行为的工具予以扣留并无不当。原告提出的未出示执法记录仪无法律依据,提出的未出示执法证件无证据支持,针对原告提出的未加盖公章的《暂扣通知单》问题,该《暂扣通知单》已经实际交给涉案人员,且扣押单位是明确的,是否盖章并不影响原告实际合法权益,且该《暂扣通知单》只是对涉案工具的扣押,涉及

[①] 黑龙江省方正县人民法院(2017)黑0124行初11号行政判决书。

该案的行为并未形成最终处理结果。

本案存在轻微程序违法。《中华人民共和国行政强制法》第二十四条规定，行政机关决定实施查封、扣押的，应当制作并当场交付查封、扣押决定书和清单；查封、扣押决定书应当载明行政机关的名称、印章和日期；查封、扣押清单一式二份，由当事人和行政机关分别保存。因此，本案中的《暂扣通知单》应当加盖行政机关印章。

案例22　孙应清诉原州区林业局开城镇政府行政强制案[①]

【裁判要点】

行政机关实施行政强制措施应当通知当事人到场，当场告知当事人采取行政强制措施的理由、依据以及当事人依法享有的权利、救济途径，听取当事人的陈述和申辩；当事人不到场的，邀请见证人到场，由见证人和行政执法人员在现场笔录上签名或者盖章。

【相关法条】

《中华人民共和国行政强制法》第十八条

【基本案情】

原告：孙应清

被告：固原市原州区林业局

被告：固原市原州区开城镇人民政府

1994年11月26日，原开城乡人民政府将场地面积和建筑面积折合共计为25亩的原乡政府机砖厂，以55000元的价格拍卖给原告。机砖厂工商登记的信息系个体工商户。2009年，原告取得采矿许可证。原告自2009年至2012年期间每年向原州区国土资源局缴纳矿产资源补偿费并进行年检。2013年6月19日，被告原州区林业局向原告孙应清发出了停工通知，该停工通知记载的内容为："孙应清因你单位已涉嫌违反《中华人民共和国森林法》及《中华人民共和国森林法实施条例》的有关规定，限责令你单位于2013年6月19日停止擅自改变林地用途和毁坏林木、林地的违法行为。如不及时停止违法行为，我局将从重处罚"。同时，开城镇政府也在生产场地围建铁丝网、树立"禁止取土，违者后果自负"的警示牌，阻止原告取土和毁坏林地、林木。此后，机砖厂停止生产。原告孙应清认为二被告侵犯其已经取得的土地使用权，向法院提起行政诉讼。

【裁判结果】

确认被告固原市原州区林业局于2013年6月19日向原告孙应清发出停工通知和被告固原市原州区开城镇人民政府禁止原告取土生产的行政行为违法。

[①] 宁夏回族自治区固原市原州区人民法院(2016)宁0402行初47号行政判决书。

【案例评析】

现行《中华人民共和国森林法》[①]未设定行政强制措施，两被告采取上述措施无法定依据。退一万步讲，即使两被告有采取强制措施的法定职权，也应当符合《中华人民共和国行政强制法》的要求。行政机关应当依法行政，并对其作出的行政行为负责。被告固原市原州区林业局向原告孙应清发出其机砖厂停工的通知，要求原告机砖厂停止擅自改变林地用途和毁坏林木、林地的违法行为，而之后再未作进一步的处理；被告开城镇政府在原告机砖厂生产场地围建铁网，并树立"禁止取土，违者责任自负"的警示牌，阻止原告机砖厂生产取土，致使原告机砖厂因此无法生产经营。从程序上看，两被告在向原告作出行政行为时，没有通知原告到场；没有告知原告采取行政强制措施的理由、依据及原告依法享有的权利、救济途径；没有听取原告的申辩；被告开城镇政府围建铁网、树立警示牌的行为实际是查封行为，其应当制作查封决定书和物品清单，并在查封的法定期间内解除查封或作进一步的处理，但被告之后未做任何处理，因此，被告原州区林业局和被告开城镇政府的行政行为程序违法。

案例23　魏忠诉昆明市五华区农林局行政强制案[②]

【裁判要点】

查封、扣押应当由法律、法规规定的行政机关实施，其他任何行政机关或者组织不得实施。

【相关法条】

《中华人民共和国行政强制法》第二十二条

【基本案情】

原告：昆明市五华区玉春培植土加工厂

原告：魏忠

被告：昆明市五华区农林局

2017年6月6日，被告接到报案线索，到达新民社区某沟现场发现有人正在采集腐殖土，经调查后认定采集腐殖土的行为人为魏忠，遂对原告魏忠作出《扣押决定书》。扣押了下列物品：腐殖土550包、爬犁4把、货车1辆、柴油机1台、三轮摩托1辆、柴油4升，并制作了《扣押物品清单》。扣押物品期限为自2017年6月6日至2017年7月5日止。因调查需要，经被告负责人批准，延长扣押期限30日。2017年7月25日，原告向法院提起诉讼。经审查，法院查明被告扣押的上述物品实为原告昆明市五华区玉春培植土加工厂占有、使用的物品。2017年8月2日，被告对原告魏忠作出《解除扣押决定书》，并制作了《解除扣押物品清单》。庭审过程中二原告变更诉讼请求为：确认被告作出的《扣押决定书》

[①] 1984年9月20日，第六届全国人民代表大会常务委员会第七次会议通过。1984年9月20日，中华人民共和国主席令第十七号公布。根据1998年4月29日第九届全国人民代表大会常务委员会第二次会议《关于修改〈中华人民共和国森林法〉的决定》第一次修正。根据2009年8月27日第十一届全国人民代表大会常务委员会第十次会议《关于修改部分法律的决定》第二次修正。

[②] 昆明市五华区人民法院（2017）云0102行初38号行政判决书。

违法。

【裁判结果】

依法确认被告作出的《扣押决定书》违法。

【案例评析】

扣押行为超越职权。现行《中华人民共和国森林法》①未设定行政强制措施。根据《中华人民共和国森林法》第四十四条第一款"违反本法规定，进行开垦、采石、采砂、采土、采种、采脂和其他活动，致使森林、林木受到毁坏的，依法赔偿损失；由林业主管部门责令停止违法行为，补种毁坏株数一倍以上三倍以下的树木，可以处毁坏林木价值一倍以上五倍以下的罚款"以及《行政强制法》第二十二条"查封、扣押应当由法律、法规规定的行政机关实施，其他任何行政机关或者组织不得实施"之规定，被告对原告魏忠作出《扣押决定书》的行政行为超越职权。

扣押物品认定事实不清。根据庭审查明的事实，被告扣押的物品实为原告玉春培植土加工厂占有的物品，被告对原告魏忠作出的《扣押决定书》认定事实不清。

鉴于被告在诉讼期间已经解除了对原告物品的扣押，根据《中华人民共和国行政诉讼法》第七十四条第二款第（二）项"被告改变原违法行政行为，原告仍要求确认原行政行为违法的"之规定，被告作出《扣押决定书》的行政行为应当被确认违法。

【其他问题】

2020年7月1日实施的《中华人民共和国森林法》②增设了行政强制措施。《中华人民共和国森林法》规定的行政处罚种类包括罚款、没收非法财物和违法所得、责令补种树木、责令限期恢复原状。一方面，在实际工作中，特别是在调查取证过程中，林业主管部门的执法人员缺乏相应的强制手段，违法现场证据极有可能转移、灭失，导致行政处罚难以执行到位；违法后果极有可能继续扩大，导致受损的生态环境很难恢复原状。另一方面，有的执法人员对涉林案件采取行政强制措施，因缺乏法律依据，行政相对人要求法院依法确认被告对原告的扣押行政行为违法。因此，《中华人民共和国森林法》中应当增设查封和扣押两项行政强制措施，以实现及时制止违法行为、防止证据毁损、避免危害发生、控制危险扩大的目的，解决基层林业行政执法手段不足的问题。

---

① 1984年9月20日，第六届全国人民代表大会常务委员会第七次会议通过。1984年9月20日，中华人民共和国主席令第十七号公布。根据1998年4月29日第九届全国人民代表大会常务委员会第二次会议《关于修改〈中华人民共和国森林法〉的决定》第一次修正。根据2009年8月27日第十一届全国人民代表大会常务委员会第十次会议《关于修改部分法律的决定》第二次修正。

② 2019年12月28日第十三届全国人民代表大会常务委员会第十五次会议修订，自2020年7月1日起施行。

第四章

先行告知

一、先行告知的基本内容

行政处罚程序中的告知程序是指行政主体在依法对行政相对人的违法行为作出相应的处罚决定之前,根据法定的程序将法律规定的各项内容告知当事人的一项法律制度。

关于告知内容,林业行政主管部门在林业行政处罚决定书送达之前,应当告知当事人作出林业行政处罚决定的事实、理由及依据,并告知当事人依法享有的权利。关于告知时间,《中华人民共和国行政处罚法》第三十一条明确规定为"在作出行政处罚决定之前"(表4-1),而不是《林业行政处罚程序规定》的"送达之前"。从实践上看,一个行政案件一般要经过调查—提出初步处理意见—送法制机构审核—报行政机关负责人批准(决定)—送达等几个环节。行政处罚的告知时间应在调查终结并提出初步意见后送法制机构审核前或报行政机关负责人批准(决定)前,由办案单位完成。

表4-1 告知时间和内容

《中华人民共和国行政处罚法》第三十一条	《林业行政处罚程序规定》第十八条
行政机关在作出行政处罚决定之前,应当告知当事人作出行政处罚决定的事实、理由及依据,并告知当事人依法享有的权利	林业行政主管部门在林业行政处罚决定书送达之前,应当告知当事人作出林业行政处罚决定的事实、理由及依据,并告知当事人依法享有的权利

当事人有权进行陈述和申辩。林业行政主管部门必须充分听取当事人的意见,对当事人提出的事实、理由和证据,应当进行复核;当事人提出的事实、理由或者证据成立的,林业行政主管部门应当采纳。林业行政主管部门不得因当事人申辩而加重处罚。

林业行政主管部门及其执法人员在作出林业行政处罚决定之前,不依照规定向当事人告知给予行政处罚的事实、理由和依据,或者拒绝听取当事人的陈述、申辩,行政处罚不能成立;当事人放弃陈述或者申辩权利的除外。

案例 24　艾衍发诉修水县林业局不服无证运输木材行政处罚案①

【裁判要点】

林业行政主管部门在作出林业行政处罚决定之前,应当告知当事人作出林业行政处罚决定的事实、理由及依据,并告知当事人依法享有的权利。

【相关法条】

《中华人民共和国行政处罚法》第三十一条

【基本案情】

原告:艾衍发

被告:修水县林业局

2009年4月22日晚,被告在执法检查中发现原告车上无木材运输证。被告检尺前未通知原告,检尺结果亦未告知原告。被告在既未对其认定为无证运输的木材进行评估确认价款,又未告知原告作出行政处罚决定的事实、理由、依据和享有的权利的情况下,于2009年4月28日对原告作出林业行政处罚决定,同日在被告办公室向原告送达林业行政处罚决定书。原告不服,提起行政诉讼。

【裁判结果】

(1)撤销被告作出的林业行政处罚决定;(2)限被告在二个月内重新作出具体行政行为。

【案例评析】

被告在作出行政处罚决定之前,未向原告告知作出行政处罚决定的事实、理由、依据和享有的权利,违反了《中华人民共和国行政处罚法》第三十一条的规定,程序违法。

案例 25　郭占金诉建昌县林业局行政处罚案②

【裁判要点】

林业行政主管部门在作出林业行政处罚决定之前,应当告知当事人作出林业行政处罚决定的事实、理由及依据,并告知当事人依法享有的权利。

【相关法条】

《中华人民共和国行政处罚法》第三十一条

【基本案情】

上诉人(原审被告):建昌县林业局

被上诉人(原审原告):郭占金

2016年4月6日,被告对原告作出林业行政处罚决定,该决定认定原告违法

---

① 江西省九江市中级人民法院(2010)九中行终字第04号二审行政判决书。
② 辽宁省葫芦岛市中级人民法院(2017)辽14行终143号行政判决书。

占用林地建房 1774 平方米,限原告两个月恢复林地用途并罚款 17740 元。原告不服,提起行政诉讼,要求法院依法撤销该处罚决定。

【裁判结果】

撤销被告作出的林业行政处罚决定,并责令被告在本判决发生法律效力后 60 日内重新对原告作出处罚决定。

【案例评析】

被告未向法院提供原告"占用林地建房 1774 平方米"的有效证据。被告在履行处罚程序时,未告知原告作出行政处罚决定的事实、理由、依据以及应享有的权利,剥夺了原告的陈述申辩权。被告虽然有作出被诉处罚决定的法定职权,但处罚决定主要证据不足,程序违法,原告要求撤销被诉处罚决定的诉讼请求,法院予以支持。

案例 26 九峰浆源度假有限公司诉乐昌市林业局行政处罚案[①]

【裁判要点】

行政机关及其执行人员在作出行政处罚决定之前,拒绝听取当事人的陈述、申辩,行政处罚决定程序违法;当事人放弃陈述或者申辩权利的除外。

【相关法条】

《中华人民共和国行政处罚法》第三十一条、第三十二条和第四十一条

【基本案情】

原告:乐昌市九峰浆源度假有限公司(以下简称浆源度假公司)

被告:乐昌市林业局

被告:乐昌市人民政府

浆源度假公司擅自改变林地用途面积 1.43 亩(953 平方米),违反了《中华人民共和国森林法》第十八条的规定,乐昌市林业局根据《中华人民共和国森林法实施条例》第四十三条第一款的规定,对浆源度假公司处以行政处罚:(1)罚款 19000 元;(2)立即停止改变林地用途行为,责令六个月内恢复原状。乐昌市人民政府维持乐昌市林业局作出的《林业行政处罚决定书》。浆源度假公司认为,乐昌市林业局作出的行政处罚决定不仅程序违法,而且内容也存在错误,乐昌市政府维持该处罚决定错误。请求法院判决:(1)撤销乐昌市林业局作出的《林业行政处罚决定书》;(2)撤销乐昌市政府作出的《行政复议决定书》。

【裁判结果】

乐昌市林业局作出的《林业行政处罚决定书》违反法定程序,乐昌市政府在行政复议时亦没有纠正,判决:(1)撤销乐昌市林业局作出的《林业行政处罚决定书》;(2)撤销乐昌市政府作出的《行政复议决定书》;(3)限乐昌市林业局于判决生效之日起两个月内重新作出行政行为。

【案例评析】

乐昌市林业局作出的《林业行政处罚决定书》及乐昌市政府作出的《行政复议

[①] 广东省韶关市武江区人民法院(2019)粤 0203 行初 62 号行政判决书。

决定书》不合法，理由如下：乐昌市林业局2018年8月9日对浆源度假公司的法定代表人黄家和发出《林业行政处罚先行告知书》，告知拟作出行政处罚的事实、理由及依据，并告知有权进行陈述和申辩，但未告知陈述、申辩的期限。当黄家和提出听证申请时，乐昌市林业局也未予准许，便于2018年8月30日作出《林业行政处罚决定书》。乐昌市林业局没有提供浆源度假公司放弃陈述或者申辩权利的证据，也没有提供其听取浆源度假公司陈述、申辩的证据，其作出的《林业行政处罚决定书》程序违法。乐昌市政府作出维持的复议决定，亦不符合法律规定。

案例27 李建昆诉建昌县林业局行政处罚案①

【裁判要点】

行政机关在作出行政处罚决定之前，应当告知当事人作出行政处罚决定的事实、理由及依据，并告知当事人依法享有的权利。

【相关法条】

《中华人民共和国行政处罚法》第三十一条

【基本案情】

上诉人（原审被告）：建昌县林业局

被上诉人（原审原告）：李建昆

被上诉人（原审原告）：建昌县胜利建昆养羊专业合作社

2018年4月10日，被告以李建昆、建昌县建昆养羊合作社为被处罚人、被处罚单位，作出林业处罚决定，决定以建昌县建昆养羊合作社未经林业主管部门批准，在胜利村××北沟建方塘、羊舍及看护房违反《中华人民共和国森林法》为由，对二原告作出了处罚。原告李建昆对该处罚决定不服，于2018年10月8日向法院提起行政诉讼，请求法院撤销被告作出的行政处罚决定。因合作社是本案必须共同进行诉讼的当事人，法院通知其作为本案的原告参加诉讼。

【裁判结果】

撤销被告作出的林业行政处罚决定。

【案例评析】

李建昆虽然是合作社的法定代表人，但被告将其与合作社均列为被处罚人，李建昆就应为处罚决定中的一方当事人。被告将《林业行政处罚先行告知书》《林业行政处罚听证权利告知书》《林业行政处罚决定书》等文书只向合作社进行了送达，而未向原告李建昆本人送达，剥夺了原告李建昆的陈述、申辩和听证的权利，被告作出的林业处罚决定程序违法。

【其他问题】

被告在林业处罚决定书中将李建昆及建昌县胜利建昆养羊专业合作社作为被处罚人，而在处罚决定中未提及处罚李建昆的事实及理由，也未向法院提供处罚依据及证据，所以被告对原告李建昆的处罚主要证据不足。

---

① 辽宁省葫芦岛市中级人民法院(2019)辽14行终78号行政判决书。

被告在处罚时将原告建昌县胜利建昆养羊专业合作社列为"建昌县建昆养羊合作社"属文书写作错误。

二、先行告知的合法要件

行政机关履行告知程序的前提是作出可能对行政相对人不利的行政行为。一般理解，只要是作出不利于行政相对人或者有可能不利于行政相对人的行政行为，就应当作出告知。林业行政处罚告知的合法性要件包括三个方面：(1)告知必须由林业主管部门作出。林业行政主管部门在作出行政处罚决定之前制作该法律文书，是实施行政处罚(简易程序除外)时履行必经法定程序的重要证据记载。(2)被告知的拟制行政处罚必须依法定程序到达行政相对人。林业行政主管部门在作出行政处罚决定之前向当事人送达该法律文书，对于保护当事人的合法权利具有重要作用。(3)行政相对人已知悉被告知的拟制行政处罚。

实践中有一种需要告知的情形，容易被忽视。法院基于程序违法撤销林业主管部门的行政处罚决定书并责令重新作出行政行为，林业主管部门重新立案后，重作的林业行政处罚案件文号与旧案不一样，是一起新的案件，一个步骤也不能省，不能将旧案中的法律文书任意拿过来用，应当按照法定程序重新实施行政处罚，告知文书亦应当是重新立案之后的新告知文书。

案例 28　刘德军诉长春莲花山生态旅游度假区林业发展管理局行政处罚案①

【裁判要点】

林业行政主管部门在作出林业行政处罚决定之前，应当告知当事人作出林业行政处罚决定的事实、理由及依据，并告知当事人依法享有的权利。

【相关法条】

《中华人民共和国行政处罚法》第三十一条

【基本案情】

上诉人(原审原告)：刘德军

被上诉人(原审被告)：长春莲花山生态旅游度假区林业发展管理局

2012年4月26日，被告因原告无种子生产许可证在承包的基本农田上私自种植白榆树苗，认定其违法种植并予以行政处罚，刘德军提起行政诉讼，请求确认被告作出的林业行政处罚决定违法，并认定其无效。

【裁判结果】

一审判决确认被告作出的林业行政处罚决定程序违法。二审确认被告作出的林业行政处罚决定无效。

---

① 吉林省长春市二道区人民法院(2014)二行初字第10号行政判决书、吉林省长春市中级人民法院(2015)长行终字第12号行政判决书。

【案例评析】

一审认为，被告在作出具体行政行为前没有依法履行告知义务，属于程序违法。被告作出的具体行政行为程序上存在错误，但原告在基本农田上种植白榆树苗也是违法行为，该具体行政行为的内容是强制铲除并已经实施，不可逆转，撤销行政处罚决定没有实际意义，故确认被告的具体行政行为程序违法。

二审进一步认为：第一，空白的告知书表明告知内容缺失。被上诉人虽然提供了《林业行政处罚事先告知书》及送达回证，但该告知书中给予行政处罚的内容、当事人是否陈述、申辩、申请听证等项目的记载均为空白。第二，没有当事人签字的送达回证表明告知对象缺失。上诉人既没有在《林业行政处罚事先告知书》及送达回证上签字，也不认可笔录内容。据此，可以认定被上诉人在作出林业行政处罚决定时，没有向上诉人告知相关权利并听取其陈述、申辩，属于程序违法，应确认行政处罚行为无效。

总之，行政处罚的告知程序，就当事人而言，是其应该受到保护的法定权利；而对于行政机关而言，则是应该履行的法定义务，二者是相统一的。林业行政主管部门在行政处罚案件中，一旦成为被告，必须出示证据，证明自身履行了告知义务；而这种义务的履行需要在行政程序中得到相对人的配合，相对人不配合的，只能按照《民事诉讼法》规定的程序留置送达。

案例29　祝永芳诉黎城县林业局行政处罚案①

【裁判要点】

法院基于程序违法撤销林业行政主管部门的行政处罚决定书并责令重新作出行政行为，林业行政主管部门重新立案后，不能省略先行告知环节。

【相关法条】

《中华人民共和国行政处罚法》第四十二条

【基本案情】

原告：祝永芳

被告：黎城县林业局

被告查明原告于2014年4月22日超出采伐许可证范围滥伐树木6株，合立木蓄积量6.7034立方米，属于滥伐林木行为，作出1号林业行政处罚决定。原告不服，提起行政诉讼，请求判决撤销该行政处罚决定书。法院二审认为，被告于2014年5月20日告知祝永芳在三日内有申请听证的权利，但当日即作出处罚决定，程序明显违法，撤销1号林业行政处罚决定书，责令被告重新作出具体行政行为。原告提出其向法院申请执行行政判决期间，才由法院告知被告已经对原告重新作出了2号林业行政处罚。原告认为2号林业行政处罚决定书违反法定程序，再次提起行政诉讼，请求撤销2号林业行政处罚决定。

---

① 山西省襄垣县人民法院(2017)晋0423行初3号行政判决书。

【裁判结果】
撤销被告作出的2号林业行政处罚决定书,责令被告重新作出行政行为。
【案例评析】
被告在重新作出行政处罚前未告知当事人作出行政处罚决定的事实、理由及依据,也未告知当事人依法享有的权利,程序违法。程序违法的林业行政处罚案件,相关的案卷材料齐全,是否可以将旧案材料直接复制粘贴用于新案卷?因材料的不同应当有所取舍,证据材料可以直接拿来使用。但是,哪怕违法事实和适用依据没有变化,证据材料没有补充,先行告知书也必须重新制作并送达。这是当事人知情权和参与权的保障和体现。

三、告知程序的注意事项

(一)处罚决定与先行告知内容必须一致

林业行政主管部门正式作出处罚决定时,对告知的拟处罚内容(包括但不限于处罚主体和处罚种类)做了重大调整,导致处罚告知书与处罚决定书内容不一致。《行政处罚决定书》与《行政处罚事先告知书》内容不一致会导致什么后果?答:行政诉讼败诉的后果。

对原告知的处罚主体进行了变更,或对违法事实有了扩大,或有了新的事实和法律依据,或重新对违法行为进行定性,或加重了拟处罚结果,行政机关在作出处罚决定前必须再次履行告知程序①。但是,若正式处罚决定在处罚理由及法律依据上没有变化,而对违法行为的程度作了减小或减轻处罚结果,则无需再次告知。

案例30 金家民等10人诉巢湖市林业局行政处罚案②

【裁判要点】
林业行政主管部门履行告知程序后,对处罚主体、违法事实、适用法律、处罚结果等有所改变,在正式作出处罚决定前应当再次履行告知程序。
【相关法条】
《中华人民共和国行政处罚法》第三十一条、第三十二条、第四十一条;《林业行政处罚程序规定》第十八条、第十九条
【基本案情】
上诉人(一审被告):巢湖市国土资源局
上诉人(一审被告):巢湖市林业局
被上诉人(一审原告):金家民等10人
2014年7月30日,巢湖市国土资源勘察测绘队作出土地勘测定界技术报告书,认定10原告占用集体土地19360平方米。2014年9月29日,被告向10原

---

① 周建萍. 行政处罚程序中告知规定应具体[N]. 检察日报, 2004-02-17(3).
② 安徽省合肥市中级人民法院(2015)合行终字第00118号行政判决书。

告发出《行政处罚告知书》,告知原告违法占用集体土地 19360 平方米建设房屋,拟对其处以"(1)退还非法占用的 19360 平方米集体土地;(2)限期拆除在非法占用的土地上新建的 1550 平方米建筑物和其他设施"的行政处罚。2014 年 11 月 13 日,巢湖市国土资源局、巢湖市林业局共同作出行政处罚决定书,对原告作出以下行政处罚:(1)退还非法占用的 19360 平方米集体土地,对所占用的 11851 平方米林地,限一个月内恢复原状;(2)限期拆除在非法占用的土地上新建的 1550 平方米建筑物和其他设施。金家民等 10 人不服,提起行政诉讼,要求撤销上述行政处罚决定。

【裁判结果】

(1)撤销行政处罚决定书;(2)被告于本判决书生效后 60 日内重新作出行政行为。

【案例评析】

被告在《行政处罚告知书》中并未告知要对原告处以"对所占用的 11851 平方米林地,限一个月内恢复原状"的处罚内容,而相应的内容却写进了处罚决定书。被告在作出行政处罚决定之前,告知当事人作出行政处罚决定的事实与其所作出行政处罚决定认定的事实不符,不符合法律规定,程序违法。

案例 31 魏辉、勾忠民诉黑河市爱辉区林业局行政处罚案[①]

【裁判要点】

林业行政主管部门履行告知程序后,对处罚主体、违法事实、适用法律、处罚结果等有所改变,在正式作出处罚决定前应当再次履行告知程序。

【相关法条】

《中华人民共和国行政处罚法》第三十一条、第三十二条、第四十一条;《林业行政处罚程序规定》第十八条、第十九条

【基本案情】

原告:魏辉

原告:勾忠民

被告:黑河市爱辉区林业局

2015 年 10 月 16 日,被告对原告魏辉作出林业行政处罚先行告知书和听证权利告知书,主要内容:拟对魏辉处以每平方米 10 元罚款,2617 平方米×10 元/平方米=26170 元。2015 年 10 月 19 日,被告对原告勾忠民作出林业行政处罚先行告知书和听证权利告知书,主要内容:拟对勾忠民处以每平方米 10 元罚款,3962 平方米×10 元/平方米=39620 元。

被告分别于 2015 年 10 月 19 日、2015 年 11 月 10 日对两原告作出了第 42 号、第 43 号林业行政处罚决定书。两份行政处罚决定书的主要内容为:2015 年 10 月 12 日,森林公安局工作人员在巡查时,发现魏辉、勾忠民带人正在非法采金,其中魏辉擅自改变林地用途面积 2617 平方米,勾忠民擅自改变林地用途面

[①] 黑龙江省黑河市爱辉区人民法院行政判决书(2016)黑 1102 行初 8 号。

积 3692 平方米。决定对魏辉处以下行政处罚：(1)责令停止违法行为，限期恢复原状；(2)每平方米 10 元罚款，2617 平方米×10 元/平方米 = 26170 元。决定对勾忠民处以下行政处罚：(1)责令停止违法行为，限期恢复原状；(2)每平方米 10 元罚款，3692 平方米×10 元/平方米 = 39620 元。

【裁判结果】
撤销被告作出的第 42 号、第 43 号林业行政处罚决定书。

【案例评析】
被告在作出处罚前虽然履行了事先告知义务，但其制作的《行政处罚事先告知书》与《行政处罚决定书》上的处罚内容不一致，剥夺了两原告对实际处罚事项的知情权，违反了《中华人民共和国行政处罚法》第三十一条和《林业行政处罚程序规定》第三十五条的规定。被告作出的行政处罚违反了法定程序，应当予以撤销。

案例 32　郝中杰诉焦作市林业局行政处罚案①

【裁判要点】
林业行政主管部门先行告知的行政处罚决定与最终行政处罚决定不一致，而最终行政处罚决定未向原告先行告知，也未听取原告的陈述、申辩，违反法定程序。

【相关法条】
《中华人民共和国行政处罚法》第三十一条、第三十二条、第四十一条；《林业行政处罚程序规定》第十八条、第十九条

【基本案情】
2014 年 5 月，郝中杰伙同张合玉、秦鸿顺共同承包了一片林地。2015 年 5 月，三人明知该承包地为林地，且未办理征占用林地手续的情况下，由秦鸿顺联系建筑垃圾利用夜间在该地进行填埋至 2017 年 1 月。经鉴定：(1)张合玉、秦鸿顺在林地内填埋建筑垃圾占用并毁坏林地面积为 13397 平方米，折合 20.1 亩；(2)该现场填埋建筑垃圾厚度为 1.3~2.5 米。

被告于 2018 年 1 月 31 日向原告作出的《林业行政处罚告知权利通知书》：(1)责令三人 2018 年 6 月 30 日前恢复原状；(2)对三人并处非法改变林地用途林地面积 13397 平方米，每平方米 21 元的罚款，计 281337 元。

被告于 2018 年 2 月 26 日作出《林业行政处罚决定书》：(1)责令三人 2018 年 6 月 30 日前恢复原状；(2)对三人并处非法改变林地用途林地面积 13397 平方米，每平方米 29 元的罚款，计 388513 元。原告不服，提起行政诉讼。

【裁判结果】
(1)撤销被告作出《林业行政处罚决定书》；(2)被告须在法定期限内对原告的行为重新作出处理。

【案例评析】
本案中，被告作出的最终行政处罚决定与其在告知权利通知书中向原告告知的行政处罚决定并不一致，最终作出的行政处罚决定与先行告知的处罚决定相

---

① 河南省焦作市解放区人民法院（2018）豫 0802 行初 65 号行政判决书。

比,对原告等人的罚款金额从原来的每平方米 21 元增加为 29 元,总罚款金额由 281337 元增加为 388513 元,实际增加罚款金额 107176 元,明显加重了处罚结果。因此,应当认为被告新增加部分的罚款金额,相对于已经履行告知和听取陈述申辩的原行政处罚决定内容而言,实际上是新设立的行政处罚,该部分行政处罚内容原告在接到最终行政处罚决定之前是不知情的,故被告应就该行政处罚内容重新对原告进行告知,并依法听取原告针对最终行政处罚决定的陈述和申辩,未依法告知且未听取原告陈述、申辩的,属于程序违法。

案例 33 周基猛等 3 人诉永州市林业局行政处罚案①

【裁判要点】

行政处罚先行告知书按照个人合伙份额区分各自的罚款金额,行政处罚决定书只有罚款总额,没有增加罚款金额,不属于加重处罚的情形。

【相关法条】

《中华人民共和国行政处罚法》第三十一条、第三十二条、第四十一条;《林业行政处罚程序规定》第十八条、第十九条

【基本案情】

原告:周基猛

原告:唐英

原告:陶波涛

被告:永州市林业局

2018 年 2 月 9 日,永州市森林调查规划设计院作出林业技术鉴定意见书,认定采石场占用林地面积 7.54 亩。2018 年 3 月 15 日,永州市林业局先后向原告唐英、周基猛、陶波涛送达《行政处罚先行告知书》和《林业行政处罚听证权利告知书》,拟对唐英罚款 18855 元,对周基猛罚款 37710 元,对陶波涛罚款 18855 元,并限于 2018 年 9 月 13 日前恢复原状。2018 年 4 月 26 日,永州市林业局作出林业行政处罚决定,对唐英、周基猛、陶波涛作出责令限 2018 年 9 月 13 日恢复原状;并罚款 75420 元的行政处罚决定。三原告不服,提起行政诉讼。

【裁判结果】

驳回三原告的诉讼请求。

【案例评析】

唐英与周基猛、陶波涛签订《合同书》,系个人合伙关系。约定唐英和陶波涛各占股 25%,周基猛占股 50%,盈利按股份分红。债务和罚款,按所占的股份承担责任。经鉴定,三人擅自改变林地用途 7.54 亩。被告对三原告按每平方米 15 元的标准进行处罚,罚款 75420 元。被告在作出行政处罚前告知拟对唐英罚款、周基猛、陶波涛分别按照罚款总金额的 25%、50%、25% 承担各自的责任。行政处罚决定书只有罚款总额 75420 元,未细分 3 人承担的份额。虽

---

① 湖南省永州市冷水滩区人民法院(2018)湘 1103 行初 132 号行政判决书。

然存在瑕疵，但是对三原告罚款总金额并没有增加，不属于加重三原告处罚的情形。

（二）陈述和申辩复核意见书不能缺少

行政机关在作出行政处罚前必须履行告知和复核程序，告知程序保证了被处罚人的知情权，复核程序则保证了被处罚人的参与权。林业主管部门告知后，如果没有听取当事人的陈述和申辩，没有对当事人提出的事实、理由和证据进行复核，则属于告知的内容不完整①。

实践中，行政机关基本上能够履行告知程序，在作出行政处罚决定前告知相对人行政处罚的事实、理由和依据，给相对人陈述、申辩的机会，但听取相对人的意见常表现为若相对人有陈述、申辩的则记录在卷，或者从行政处罚的结果上减少一些拟作出行政处罚的幅度，鲜有反映行政机关对相对人陈述、申辩内容认真进行复核的材料，由此可以看出，复核程序往往被忽视。

行政机关应该对履行复核程序引起足够的重视，充分听取被处罚人的陈述、申辩意见并非仅仅是"听取"，而是当被处罚人提出的陈述、申辩意见中存在需要复核的理由、事实或者证据时，行政机关应通过谈话、调查等方式进行复核，且将复核结论告知被处罚人并说明理由，或者在行政处罚决定中载明复核的情况，否则，行政机关将构成程序违法，在行政诉讼中将面临败诉的法律后果。

案例34 汤继才诉封丘县林业局行政处罚案②

【裁判要点】

针对当事人陈述、申辩的事实、理由和证据，执法人员应当进行调查复核，并把调查过程及复核结果以《陈述和申辩复核意见书》的形式呈现在案卷材料中。

【相关法条】

《中华人民共和国行政处罚法》第三十二条

【基本案情】

原告：汤继才

被告：封丘县林业局

原告于2014年9月5日未办理采伐许可证砍伐七棵杨树，被告立案查处。原告汤继才申辩称，采伐的系自己自留地的七棵杨树，是个人所有的零星树木，依据《中华人民共和国森林法》第三十二条的规定，原告的采伐行为不需要办理采伐许可证，也构不成滥伐林木。原告向法院提交证据材料有：证人孙某出庭作证证言一份，用以证明原告伐树的地系自留地，该自留地是在原告结婚前分的。2014年9月23日，被告作出林业行政处罚决定书，认定原告的行为属于滥伐林木，给予其补种5倍树木35棵、并给予3倍罚款3881.4元的行政处罚。原告不

---

① 邰立人. 行政执法中告知程序的错误及纠正[N]. 人民法院报, 2005-01-26(3).
② 河南省长垣县人民法院行政判决书(2015)长行初字第5号。

服，诉至法院，请求撤销该林业行政处罚决定书。

【裁判结果】

撤销被告作出的林业行政处罚决定书。

【案例评析】

在作出行政处罚决定时，对于被处罚人提出的陈述和申辩，行政处罚实施机关必须予以重视①，必须充分听取当事人的意见，对当事人提出的事实、理由和证据进行复核。原告认为其没有违法的行为，提供证据证明"采伐的是其自留地的零星树木，不是滥伐林木"，被告应当对原告的证据进行复核，但被告案卷材料中没有对原告陈述意见提出的事实进行复核的材料。法院最终认定被告拒绝听取原告陈述、申辩，确认被告作出被诉行政行为违反法定程序。

当事人提出的事实、理由或者证据成立的，行政机关应当采纳，并重新进行合议，改变合议结果的，还应再次履行告知程序。比如，当事人接到先行告知书后，提出申辩并申请重新鉴定，林业主管部门进行第二次现场勘验并重新委托鉴定，根据新的鉴定意见，第二次告知很有可能改变了第一次告知中拟认定的关键事实和处罚主文。可见，当事人的申辩理由对林业主管部门审慎履行调查程序是有帮助的。

(三) 处罚决定与先行告知不能同日送达

行政机关在行政处罚决定书送达时一并履行告知义务，不符合《中华人民共和国行政处罚法》规定的"在作出处罚决定之前"的字面含义。林业主管部门向相对人作出处罚决定的，应当先向相对人作出并送达先行告知书，不能在未向相对人送达先行告知书的情况下直接向相对人作出并送达处罚决定书，也不能向相对人同时作出并送达先行告知书和处罚决定书。

有一种观点认为，林业局在同一日作出处罚告知书和处罚决定书不违反《中华人民共和国行政处罚法》第三十一条、第三十二条的规定②。《中华人民共和国行政处罚法》第三十一条规定："行政机关作出行政处罚决定之前，应当告知当事人作出行政处罚决定的事实、理由及依据，并告知当事人依法享有的权利。"从文意来看，法律只规定行政机关在作出行政处罚决定之前有"告知"义务，没有规定"告知"后作出行政处罚的具体时间，因此林业行政主管部门在"告知"相对人之后，相对人无异议，于同一天作出行政处罚，并未违背法律规定。随着社会的进步，法治的发展，上述观点已经淡出学术视野和执法实践。哪怕在法律没有明文规定的情况下，法院也尽可能去解读条文背后的立法目的，尽可能最大限度维护行政相对人的合法权益。

---

① 张效羽. 行政执法典型败诉案例剖析[M]. 北京：国家行政学院出版社，2014：115-120.

② 湖北省巴东县人民法院(2010)巴行初字第 36 号行政判决书——张安位诉巴东县林业局行政处罚案，法院认为同一日作出先行告知书和处罚决定书没有违反法律规定。

案例 35　张本龙诉黔西县森林公安局行政处罚案①

【裁判要点】

行政机关向当事人同时送达行政处罚先行告知书和行政处罚决定书，明显违反法定程序。

【基本案情】

原告：张本龙

被告：黔西县森林公安局

2017年1月29日，原告擅自砍伐树木。2017年2月3日，被告立案。2017年2月17日，被告向原告送达《林业行政处罚先行告知书》《林业行政处罚决定书》，决定对原告处以责令补种滥伐林木株数五倍的树木125株、罚款5000元的行政处罚。原告不服该处罚决定，提起行政诉讼。

【裁判结果】

撤销被告作出的《林业行政处罚决定书》。

【案例评析】

被告在对原告处罚前，虽然告知了原告享有陈述和申辩的权利，在未给原告留足合理的陈述和申辩时间的情况下，于同日作出处罚决定并向原告送达，被告的处罚明显违反了法定程序。

案例 36　杨俊财诉抚宁县林业局行政处罚案②

【裁判要点】

林业主管部门虽然在先行告知书中写明相对人有陈述、申辩、申请听证的权利，但相对人在同一时间签收先行告知书和处罚决定书，说明林业主管部门未给予相对人充分行使陈述、申辩及要求举行听证权利的时间。

【基本案情】

原告：杨俊财

被告：抚宁县林业局

被告于2014年11月27日作出行政处罚事先告知书和行政处罚听证告知书，2014年12月1日作出行政处罚决定书，并于2014年12月4日向原告送达该三份文书。林业行政处罚决定书内容如下："……本机关认为，你的行为违反了《中华人民共和国森林防火条例》第二十五条关于'森林防火期内，禁止在森林防火区野外用火'的规定。当事先告知你作出处罚的事实、理由和依据，以及你本人应享有的权利时，你明确表示不陈述、不申辩、不要求举行听证。现依据《中华人民共和国森林防火条例》第五十条的规定，决定对你作出如下行政处罚：（1）警告；（2）行政罚款叁仟元整。"原告认为，被告工作人员到原告家中，将行政处罚事先告知书，行政处罚听证告知书，行政处罚决定书三份文书同时扔在原告家中，原告没有行使权利的时间，且被告处罚决定书中写有"当

---

① 贵州省大方县人民法院(2017)黔0521行初353号行政判决书。

② 河北省抚宁县人民法院行政判决书(2015)抚行初字第1号。

事先告知你作出处罚的事实、理由和依据,以及你本人应享有的权利时,你明确表示不陈述、不申辩、不要求举行听证"是虚假的。原告不服,向法院提起行政诉讼。

【裁判结果】

撤销被告作出的行政处罚决定书。

【案例评析】

被告对原告作出的处罚决定虽然履行了立案、调查、告知、审批、处罚、送达程序,但因告知与处罚文书同时送达,客观上剥夺了原告的陈述、申辩、听证权利,构成程序违法。

案例37 刘英汉诉惠州市惠城区林业局不服擅自改变林地用途行政处罚案①

【裁判要点】

林业主管部门在作出处罚决定前,应当告知原告享有陈述意见和申辩的权利,并为原告提供陈述事实、表达意见的机会。

【基本案情】

原告:刘英汉

第一被告:惠州市惠城区林业局

第二被告:惠州市惠城区人民政府

2015年10月,第一被告接群众举报后,查明原告擅自改变林地用途。经实地调查勘测,原告挖山路面积为4.5亩(3000平方米)。2015年12月5日,被告作出《鉴定意见通知书》《林业行政处罚先行告知书》《林业行政处罚听证权利告知书》《责令改正违法行为通知书》《林业行政处罚决定书》,对原告作出责令限期恢复原状、30000元罚款的行政处罚。2015年12月7日,被告向原告同时留置送达了上述五份法律文书。原告不服第一被告的行政处罚决定,于2015年12月24日向第二被告申请行政复议。第二被告维持了第一被告作出的《林业行政处罚决定书》。原告不服,提起行政诉讼。

【裁判结果】

(1)撤销第一被告作出的《林业行政处罚决定书》;(2)撤销第二被告作出的《行政复议决定书》。

【案例评析】

第一被告在2015年12月5日同一日作出《鉴定意见通知书》《林业行政处罚先行告知书》《林业行政处罚听证权利告知书》《责令改正违法行为通知书》《林业行政处罚决定书》,并在2015年12月7日向原告同时送达了上述五份法律文书。第一被告在作出行政处罚前,未提前告知原告拟作出行政处罚的事实、理由及依据,剥夺了原告的陈述权和申辩权,有悖于正当程序原则的要求。第一被告作出的《林业行政处罚决定书》,程序违法,依法应予撤销。第二被告作出的维持原

---

① 广东省惠州市惠城区人民法院(2016)粤1302行初字第21号行政判决书。

行政行为的《行政复议决定书》，法院予以撤销。

案例 38　戚鹏龙诉大理市森林公安局行政处罚案①

【裁判要点】

林业行政主管部门对被处罚人作出行政处罚的法定程序应首先告知，然后听取陈述和申辩，针对被处罚人的陈述和申辩进行复核，若陈述和申辩成立，应当重新调查核实，听取陈述和申辩理由；若证据不成立，才能下达处罚决定书。如果被处罚人没有放弃陈述和申辩权利，林业主管部门在同一天下达行政处罚告知书与处罚决定书，明显违反法定程序。

【基本案情】

原告：戚鹏龙

被告：大理市森林公安局

被告调查查明，原告于 2010 年至 2014 年间开采砂料，擅自改变林地用途面积 7.46 亩。被告于 2017 年 3 月 14 日作出《林业行政处罚决定书》：（1）责令于 2017 年 9 月 30 日前恢复原状；（2）并处非法改变用途林地每平方米 30 元罚款，计 149220 元。并于同日向原告送达《林业行政处罚先行告知书》《林业行政处罚听证权利告知书》《林业行政处罚决定书》。2017 年 8 月 29 日，原告向法院提起行政诉讼。

【裁判结果】

撤销被告作出的林业行政处罚决定书。

【案例评析】

被告于 2017 年 3 月 14 日向原告送达《林业行政处罚决定书》《林业行政处罚先行告知书》《林业行政处罚听证权利告知书》，原告的委托代理人当庭陈述原告未放弃陈诉、申辩、听证的权利，且被告未提交证据证实原告放弃陈述、申辩、听证的权利。据此，可以认定被告在作出林业行政处罚决定时，没有向原告告知相关权利并听取其陈述、申辩，也未给原告行使申请听证的权利，属于程序违法，应予以撤销。

（四）处罚决定与先行告知间隔期不少于三日

《中华人民共和国行政处罚法》第三十二条第一款没有规定当事人的申辩期限，《林业行政处罚程序规定》也没有明确提出申辩的时间要求。现实的问题是，在林业行政执法人员操作中，履行事先告知程序的期限是多长？换言之，执法人员在送达《行政处罚事先告知书》后，应当间隔多长时间才能送达《行政处罚决定书》？原国家林业局规章《林业行政处罚程序规定》和 2012 版林业行政处罚文书格式（林策发〔2012〕288 号）"林业行政处罚先行告知书"，都只是规定当事人依法享有陈述和申辩的权利，没有当事人行使陈述和申辩权利的期限。一般理解告知书送达后到行政处罚决定作出前均可。《中华人民共和国行政处

---

① 云南省大理市人民法院（2017）云 2901 行初 33 号行政判决书。

罚法》并未规定统一的陈述和申辩时限。建议参照提出听证的期限，三日内提出陈述和申辩的意见。还可以借鉴《农业行政处罚程序规定》第二十三条"采取一般程序查办的案件，农业行政处罚机关应当制作行政处罚事先告知书送达当事人，并告知当事人可以在收到告知书之日起三日内进行陈述、申辩。"《市场监督管理行政处罚程序暂行规定》第五十一条"当事人自告知书送达之日起三个工作日内，未行使陈述、申辩权的，视为放弃此权利。"或者《商务部行政处罚实施办法》第十九条"当事人要求陈述、申辩的，应当在收到行政处罚告知书后三日内向法制机构提出。"另外，一些地方的案卷评查标准，如《北京市行政处罚案卷标准和评查评分细则》要求"没有告知当事人陈述、申辩的三日期限或者告知少于三日的"扣5分。

林业主管部门必须在当事人收到《林业行政处罚先行告知书》三日后（依照民事诉讼法有关规定，以日计算的各种期间均从次日计算），才可以作出处罚决定，否则将会因处罚程序违法而败诉。

如果预设了三天期限，相对人表示不陈述和申辩，执法人员是否需要等待三天期限届满。从诉讼法的角度看，三天必须届满，相对人的权利才到期。但是，陈述和申辩的权利不等于诉权，没有必须严格等待三天时间届满。相对人已经陈述和申辩的，或者说相对人没有陈述和申辩的意见，又要求当天给予处罚的，可由相对人在"行政处罚事先告知书"的回执上抄写"本人已（无）陈述和申辩意见，要求当天处理"并签名后，方可在送达"行政处罚事先告知书"的当日，送达"行政处罚决定书"。

案例39　李柏林诉丽水市林业有害生物防治检疫总站行政处罚案①

【裁判要点】

林业主管部门应当制作行政处罚事先告知书送达当事人，并告知当事人可以在收到告知书之日起三日内进行陈述、申辩。

期限以时、日、月、年计算的，期限开始时和日不计算在期间内。

【相关法条】

《中华人民共和国民事诉讼法》第八十二条

【基本案情】

原告：李柏林

被告：丽水市林业有害生物防治检疫总站

2018年2月22日、2019年1月23日，国家林业局、国家林业和草原局分别发布了2018年第一号、2019年第四号公告，公布了丽水市莲都区、青田县为松材线虫病疫区。原告并未取得利用疫木加工板材的相关行政部门的许可。2019年1月29日，被告至原告处执法检查时，发现涉案松原木、松方料、松木板。

---

① 浙江省青田县人民法院（2019）浙1121行初50号行政判决书、浙江省丽水市中级人民法院（2019）浙11行终101号行政判决书。

2019年2月14日，被告在被登记保全的松方料、松木板中随机抽取了12个样品。经鉴定：12个样品中4个未检测出松材线虫病活体，其余8个样品均含有松材线虫病活体，该批次松方料和松木板属于松材线虫病疫木。同日，被告将2号《鉴定意见书》送达原告。2019年2月25日，被告制作4号《事先告知书》，在该告知书中载明，"如你对本机关上述认定的违法事实、处罚依据及处罚内容等有异议的，可在收到本告知书起三个工作日内提出书面陈述、申辩意见，或到丽水市林业有害生物防治检疫总站进行陈述、申辩"。4号《事先告知书》于2019年2月25日15时21分被留置送达原告家中。2019年2月28日，被告作出4号《处罚决定书》。当日15时25分，原告至被告处要求行使陈述、申辩权利，被告认为已经超过4号《事先告知书》载明告知的陈述、申辩期限，未予采纳，并当场向原告送达了4号《处罚决定书》。原告对该4号《处罚决定书》持异议，诉至法院要求撤销。

【裁判结果】

撤销被告作出的4号《林业行政处罚决定书》，并于本判决生效后重新作出。

【案例评析】

陈述、申辩权是行政机关作出影响行政相对人权益的行政行为时，行政相对人所应享有的法定权利。《浙江省行政程序办法》第六十五条规定，期限以时、日、月、年计算的，期限开始时，日不计算在期间内。被告于2019年2月25日作出并向原告送达4号《事先告知书》，告知原告三日内可向被告陈述申辩，故原告的陈述、申辩期限应为2019年2月26日至2019年2月28日。原告于2019年2月28日下午至被告处主张陈述、申辩权利，被告已经作出4号《处罚决定书》并以原告超过陈述、申辩期限为由未给予原告陈述、申辩权。被告在作出行政处罚决定书的过程中，没有在时间上依法保障原告的陈述、申辩权，不符合程序正当原则，违反了法定程序，一审法院据此撤销该行政处罚决定书并要求被上诉人重新作出行政行为，符合法律规定。

案例40　邓冯龙诉建德市林业局行政处罚案①

【裁判要点】

林业主管部门应当制作行政处罚事先告知书送达当事人，并告知当事人可以在收到告知书之日起三日内进行陈述、申辩。

执法文书送达期间不包括在途时间，执法文书在期满前交邮的，不算过期。

【相关法条】

《中华人民共和国行政处罚法》第三十二条、《中华人民共和国民事诉讼法》第八十二条

【基本案情】

上诉人（原审被告）：建德市林业局

---

① 杭州铁路运输法院（2017）浙8601行初36号行政判决书、浙江省杭州市中级人民法院（2017）浙01行终547号行政判决书。

被上诉人(原审原告)：邓冯龙

2016年10月9日，被告第二次作出行政处罚事先告知书，该告知改变了第一次告知中拟认定的关键事实和处罚主文，并于2016年10月10日直接送达原告。2016年10月13日，原告向被告邮寄《申辩书》，2016年10月14日，该信件被传达室签收，但直至2016年10月17日，该信件才向被告具体经办执法部门转交。被告在实际看到该《申辩书》之前的2016年10月14日作出处罚决定并于当日送达原告。明显未对原告第二次提出的申辩事实及理由进行复核。原告不服，提起行政诉讼。

【裁判结果】

撤销被告作出的《林业行政处罚决定书》，责令被告在判决生效之日起两个月内重新作出行政行为。

【案例评析】

相关法律、法规确实没有直接规定当事人提出陈述、申辩的期限，但应该有一个合理期限，被告参照提出听证的期限，认为当事人应当在三日内提出陈述、申辩，具有合理性。但行政机关在行政处罚告知程序中除确定提出陈述、申辩的合理期限外，还应当考虑扣除邮件的正常在途时间，并建立起高效的内部邮件流转制度。根据《中华人民共和国民事诉讼法》第八十二条第四款的规定，期间不包括在途时间，诉讼文书在期满前交邮的，不算过期。邓冯龙于2016年10月10日收到事先告知，于2016年10月13日邮寄《申辩书》，并未超出三日的合理期限，而且建德市林业局在2016年10月14日实际已经收到了该《申辩书》，但由于其低效的内部邮件流转制度，具体经办执法人员并未及时收到该《申辩书》并依法进行复核，反而按当事人未在合理期限内提出申辩径直作出处罚决定，构成了违反法定程序，依法应予撤销并责令重作。

第五章

听 证

一、听证的适用范围

(一) 听证的列举式范围

林业主管部门依法作出责令停产停业、吊销许可证或者执照、较大数额罚款等林业行政处罚决定之前,应当告知当事人有要求举行听证的权利;当事人要求听证的,林业行政主管部门应当组织听证。国家林业局依法作出十万元以上(含十万元)罚款决定的,应当告知当事人有要求举行听证的权利。

《中华人民共和国行政处罚法》(以下简称《行政处罚法》)未规定"较大数额罚款"的具体数额,而国务院早在1996年4月15日(处在《行政处罚法》已经颁布但尚未实施的期间)就下发了贯彻实施《行政处罚法》的通知,并要求各省、自治区、直辖市人民政府修订相应的规定以配合《行政处罚法》的实施。因此,县级以上地方人民政府林业主管部门对于"较大数额的罚款"的认定,按照省、自治区、直辖市人大常委会或者省级人民政府的规定执行。而在实践中,因受经济发展水平等因素的影响,各地"较大数额罚款"的标准也存在多样化,但这并不妨碍较大数额的罚款列入听证范围。

案例41 包明忠诉勐腊县林业局行政处罚案[①]

【裁判要点】

行政机关作出责令停产停业、吊销许可证或者执照、较大数额罚款等行政处罚决定之前,应当告知当事人有要求举行听证的权利;当事人要求听证的,行政机关应当组织听证。

较大数额的罚款,按照省、自治区、直辖市人大常委会或者省级人民政府的规定执行。

---

① 云南省勐腊县人民法院(2018)云2823行初6号行政判决书。

【相关法条】

《中华人民共和国行政处罚法》第四十二条

【基本案情】

原告：包明忠

被告：勐腊县林业局

2017年12月18日，勐捧镇林业站工作人员在辖区进行森林资源管护巡查时，发现原告在采石场旁开采石料。

2017年12月21日，在询问笔录中，原告承认其采石时征占林地手续正在办理中，且认可其未办理征占用林地手续改变林地用途的面积是411平方米。

2017年12月21日，被告作出并向原告送达《林业行政处罚听证权利告知书》，告知原告如需听证，可在接到该通知之日起3日内向被告提出听证申请。

2017年12月21日，被告作出并向原告送达了《林业行政处罚决定书》。以原告未办理征占用林地手续开采石料，违反了《云南省林地管理办法》第二十条第五款的规定为由，决定对原告处以停止违法行为和4932元罚款的行政处罚。

原告不服被告作出的行政处罚决定，提起行政诉讼，请求判决撤销行政处罚决定。

【裁判结果】

撤销被告作出的行政处罚决定。

【案例评析】

根据《中华人民共和国行政处罚法》第四十二条的规定，行政机关作出较大数额罚款等行政处罚决定之前，应当告知当事人有要求举行听证的权利。《云南省行政处罚程序规范》(云府法[2015]63号)①第二十五条"较大数额，是指对公民为1000元以上、个体工商户为1万元以上、法人或者其他组织为3万元以上。"本案原告是个人，被告向原告作出4932元罚款的行政处罚，应当告知原告三日内有申请听证的权利。被告在没有证据证明原告已经放弃听证的情况下，向原告送达《林业行政处罚听证权利告知书》的同时即对原告送达《林业行政处罚决定书》，在程序上剥夺了原告申请听证的权利。被告对原告的行政处罚程序违法，行政处罚决定应予以撤销。

案例42 杨世明诉元谋县森林公安局行政处罚案②

【裁判要点】

行政机关作出责令停产停业、吊销许可证或者执照、较大数额罚款等行政处罚决定之前，应当告知当事人有要求举行听证的权利；当事人要求听证的，行政机关应当组织听证。

较大数额的罚款，按照省、自治区、直辖市人大常委会或者省级人民政府的规定执行。

---

① 2016年3月1日起施行，有效期至2021年2月28日。
② 云南省元谋县人民法院(2018)云2328行初53号行政判决书。

【相关法条】
《中华人民共和国行政处罚法》第四十二条

【基本案情】
原告：杨世明
被告：元谋县森林公安局

2018年7月4日，元谋县某自然保护区管护局和某乡政府向被告提交了自然保护区案件线索移送书。被告当日立案后，通过调查询问，并聘请林业工程师对原告开垦的地块进行地类、面积及所开地块在自然保护区所处的级别进行鉴定后，于2018年9月27日向原告送达了林业行政处罚事先告知书。原告于2018年9月28日向被告提交书面听证申请。被告于2018年9月29日作出了不予受理听证申请通知书，告知原告，因其提出的根据相关法律规定要求听证的事项，不符合听证规定，根据《林业行政处罚听证规则》第八条的规定，决定不予受理，并于当日将该通知书送达杨世明。被告于2018年10月2日作出林业行政处罚决定，对原告处以：（1）责令停止违法行为；（2）处以9000元的罚款。原告不服，提起行政诉讼。

【裁判结果】
撤销被告作出的林业行政处罚决定。

【案例评析】
《云南省行政处罚程序规范》（云府法[2015]63号）①第二十五条规定："行政处罚机关在作出责令停产停业、吊销许可证或者执照、较大数额罚款、没收较大数额财产和违法所得等行政处罚决定前，应当在《行政处罚事先告知书》中告知当事人依法享有申请听证的权利。""本条第一款所称较大数额，是指对公民为1000元以上、个体工商户为1万元以上、法人或者其他组织为3万元以上。"从云南省的规定看，听证事项包含在《行政处罚事先告知书》中。本案被告在作出行政处罚决定之前，一次性告知了原告拟对其作出行政处罚的事实、依据、处罚内容及应当享有的陈述、申辩及听证权利。对于原告个人处以9000元的罚款，属于较大数额的罚款，应当依当事人申请组织听证，但原告在法定的时限内提出听证申请，被告却未组织听证也未听取其陈述、申辩且无任何正当理由。被告已经剥夺了原告依法享有的陈述、申辩及听证权利，其作出的行政处罚行为违反了法定程序。

案例43 田书先诉泸西县森林公安局行政处罚案②

【裁判要点】
行政机关作出责令停产停业、吊销许可证或者执照、较大数额罚款等行政处罚决定之前，应当告知当事人有要求举行听证的权利；当事人要求听证的，行政机关应当组织听证。

---

① 2016年3月1日起施行，有效期至2021年2月28日。
② 开远铁路运输法院(2019)云7102行初18号行政判决书。

较大数额的罚款，按照省、自治区、直辖市人大常委会或者省级人民政府的规定执行。

【相关法条】

《中华人民共和国行政处罚法》第四十二条

【基本案情】

原告：田书先

被告：泸西县森林公安局

被告认定原告于2018年8月12日租给泸西县长润冶炼有限公司的地是在未取得任何部门允许下，擅自到白水镇大无浪村"大青冲山"处开挖的林地，开挖面积为2666.8平方米，共4.0亩，属于擅自开垦林地。2019年3月19日，被告对原告作出林业行政处罚事先告知书。2019年3月22日，作出林业行政处罚决定书，依据《中华人民共和国行政处罚法》第三条、《中华人民共和国森林法实施条例》第四十一条第二款规定，决定给予田书先限期于2020年6月18日前恢复原状并处26668元罚款。上述法律文书的送达回证上没有田书先的签字，也没有见证人签字。

【裁判结果】

撤销被告作出的《林业行政处罚决定书》。

【案例评析】

《云南省行政处罚程序规范》（云府法[2015]63号）[1]第二十五条规定："行政处罚机关在作出责令停产停业、吊销许可证或者执照、较大数额罚款、没收较大数额财产和违法所得等行政处罚决定前，应当在《行政处罚事先告知书》中告知当事人依法享有申请听证的权利。""本条第一款所称较大数额，是指公民为1000元以上、个体工商户为1万元以上、法人或者其他组织为3万元以上。"本案中，被告对原告处以26668元罚款，属于较大数额的罚款，被告于2019年3月19日作出林业行政处罚事先告知书，于3月22日作出林业行政处罚决定书，被告未保证原告所享有的听证权利，且送达法律文书也不符合法律的相关规定，属程序违法。

案例44 王井义诉通榆县自然资源局行政处罚案[2]

【裁判要点】

行政机关作出责令停产停业、吊销许可证或者执照、较大数额罚款等行政处罚决定之前，应当告知当事人有要求举行听证的权利；当事人要求听证的，行政机关应当组织听证。

较大数额的罚款，按照省、自治区、直辖市人大常委会或者省级人民政府的规定执行。

【相关法条】

《中华人民共和国行政处罚法》第四十二条

---

[1] 2016年3月1日起施行，有效期至2021年2月28日。

[2] 吉林省通榆县人民法院(2019)吉0822行初9号行政判决书。

【基本案情】

原告：王井义

被告：通榆县自然资源局

1997年第二轮土地承包时王井义家三口人共承包集体土地24亩，其中南大片7.203亩、东大片4.991亩、家东地10.632亩、刘泡子1.174亩。2018年原告王井义在南大片耕种4.5531公顷（含7.203亩承包地），在林场地西耕种0.2386公顷。被告于2018年10月23日向王井义送达了行政处罚事先告知书和责令改正通知书，于2018年10月29日向王井义送达了行政处罚决定书，对其罚款2970元。

【裁判结果】

撤销被告作出的行政处罚决定书。

【案例评析】

《吉林省人民政府关于行政处罚听证范围中"较大数额罚款"数额的规定》（吉林省人民政府令第58号）①第一条规定："对个人处以1000元以上罚款的，对法人或者其他组织处以5000元以上罚款的，在作出行政处罚决定前，应当告知当事人有要求举行听证的权利，当事人要求听证的，应当组织听证。""法律、法规或公安部以及实行垂直领导的国务院有关行政主管部门对行政处罚听证范围中'较大数额罚款'数额另有规定的，从其规定。"据此，被告对原告作出罚款2970元的行政处罚决定，属于1000元以上的处罚，应当告知当事人有要求听证的权利，未告知当事人听证权利违反了法定程序。

案例45　原告赵连军诉顺义区园林绿化局行政处罚案②

【裁判要点】

行政机关作出责令停产停业、吊销许可证或者执照、较大数额罚款等行政处罚决定之前，应当告知当事人有要求举行听证的权利；当事人要求听证的，行政机关应当组织听证。

较大数额的罚款，按照省、自治区、直辖市人大常委会或者省级人民政府的规定执行。

【相关法条】

《中华人民共和国行政处罚法》第四十二条

【基本案情】

原告：赵连军

被告：顺义区园林绿化局

2018年2月26日，被告接到上级机关移交的案件线索，反映原告在北京市顺义区某村73号图斑，未经林业主管部门审核同意，擅自占用集体林地建大棚。被告于同日予以立案，并到某村73号图斑地块进行检查、勘验、拍照。2018年

---

① 1997年1月7日发布施行。
② 北京市顺义区人民法院（2019）京0113行初37号行政判决书。

3月21日，经负责人批准，被告将此案的办理期限延长了2个月。2018年5月22日，被告向原告送达了《行政处罚先行告知书》，告知了原告拟对其作出行政处罚决定的事实、理由和依据，并告知其享有陈述和申辩的权利。2018年5月25日，被告根据上述调查的情况和证据，对原告作出《行政处罚决定书》，处以罚款12650元，并于2018年5月30日将上述处罚决定书送达给原告。原告不服，向法院提起行政诉讼。

【裁判结果】

撤销被告作出的《行政处罚决定书》。

【案例评析】

被告接到上级机关移交的案件线索后，依法履行了立案、检查勘验、委托鉴定、延期审批、调查、询问、告知权利义务、作出行政处罚决定并送达等程序，上述执法程序并无不当。《北京市行政处罚听证程序实施办法》（2018年2月12日修改）第二条规定：经立案调查，当事人涉嫌违法的行为可能面临责令停产停业、吊销许可证或者执照、较大数额罚款等行政处罚的，行政机关（含经依法授权或者受委托的行政执法组织）应当在案件调查终结前告知当事人有要求举行听证的权利。当事人要求举行听证的，依照《行政处罚法》和本办法执行。前款所称较大数额罚款由市级行政机关确定，并报市政府法制机构备案。本案被诉处罚决定作出时间为2018年5月25日，此时北京市市级行政机关尚未针对林业处罚罚款的较大数额进行确定。《北京市行政处罚听证程序实施办法》第二条在2018年2月12日修改之前的内容是：本市各级行政机关（含经依法授权或者受委托的行政执法组织，下同）对当事人依法作出责令停产停业、吊销许可证或者执照、对公民处以超过1000元的罚款，对法人或者其他组织处以超过30000元的罚款，以及市人民政府规定的其他行政处罚决定前，当事人要求举行听证的，依照行政处罚法和本办法执行。从上述规定可以看出，北京市以前对"较大数额的罚款"进行过确定，对公民个人处罚时，较大数额的标准是罚款超过1000元。此外，北京市园林绿化局新制定的《北京市园林绿化行政处罚自由裁量权适用规则》（2019年2月11日施行）第十二条第二款规定：《基准》（即《北京市园林绿化行政处罚裁量基准》）和《基准表》（即《北京市园林绿化行业违法行为处罚裁量基准表》）适用过程中，当事人涉嫌违法的行为可能面临责令停产停业、吊销许可证、对公民处以1万元以上的罚款，对法人或者其他组织处以30万元以上的罚款的，园林绿化行政执法部门应当在案件调查终结前告知当事人有要求举行听证的权利。当事人要求举行听证的，依照《中华人民共和国行政处罚法》《北京市行政处罚听证程序实施办法》执行。从该规定可以看出，北京市园林绿化局针对林业处罚中处罚公民个人时，"较大数额的罚款"确定的新标准为：对公民个人罚款1万元以上。尽管被告作出被诉行政处罚决定时，北京市没有"较大数额的罚款"的明确标准，但是，无论是参照上述北京市已经失效的标准对公民罚款"超过1000元"，还是参照北京市园林绿化局后来新制定的标准对公民罚款"1万元以上"，被告对原告作出处罚前，均应告知原告享有要求举行听证的权利，这样更有利于保护原告的合法权益。然而，被告作出处罚前，却参照了《林业行政处罚听证规则》第五条第三款即"国家林业局依法作出十万元以上（含十万元）罚款决定的，应当告知当事人有要求举行听证的权利"的规定，未告知原告享有要求举行听证的权利。首先，该条款的适用主体为"国家林业局"，具有特定化，各区县林业主管部门不宜适用；其次，该条款规定的标准较高，如适用该标准，可能导致大量行政处罚案件的听证程序形同虚设，致使被处罚人的合法权益无法得到全面保障。因此，被告参照上述条款对原告作出处罚，其违反了正当程序原则。

（二）听证的不完全列举范围

没收较大数额财物应当告知听证权利。《行政处罚法》以列举方式对听证程序的适用范围作了规定，但没有对较大数额的没收是否适用听证程序作出列举，司法实践中也存在争议。2004年最高人民法院给新疆高级法院《关于没收财产是否应进行听证及没收经营药品行为等有关法律问题的答复》明确："人民法院经审理认定，行政机关作出没收较大数额财产的行政处罚决定前，未告知当事人有权要求举行听证或者未按规定举行听证的，应当根据行政处罚法的有关规定，确认该行政处罚决定违反法定程序。"虽然该答复仅是个案答复，不属于司法解释，但对司法实践中此类问题的处理给了一个正确的指引。2012年4月9日，最高人民法院发布了指导案例6号《黄泽富、何伯琼、何熠诉成都市金堂工商行政管理局行政处罚案》。裁判要点亦是：行政机关作出没收较大数额涉案财产的行政处罚决定时，未告知当事人有要求举行听证的权利或者未依法举行听证的，人民法院应当依法认定该行政处罚违反法定程序。从裁判要点看，本指导案例的主要作用是平息了一个分歧不算太大的争议，也就是认定，即便《中华人民共和国行政处罚法》第四十二条没有明确规定，没收较大数额财产这一行政处罚也应被列入听证范围①。虽然该条规定没有明确列举"没收财产"，但是该条中的"等"系不完全列举，应当包括与明文列举的"责令停产停业、吊销许可证或者执照、较大数额罚款"类似的其他对相对人权益产生较大影响的行政处罚。为了保证行政相对人充分行使陈述权和申辩权，保障行政处罚决定的合法性和合理性，对没收较大数额财产的行政处罚，也应当根据《行政处罚法》第四十二条的规定适用听证程序。各部委的规定亦有参考价值。《农业行政处罚程序规定》②第五十九条第一款规定："农业行政处罚机关……在作出责令停产停业、吊销许可证件、较大数额罚款、没收较大数额财物等重大行政处罚决定前，应当告知当事人有要求举行听证的权利。"《市场监督管理行政处罚听证暂行办法》③第五条："对自然人、法人或者其他组织作出没收违法所得和非法财物的行政处罚，应当告知当事人有要求

---

① 石肖雪. 行政处罚听证程序适用范围的发展[J]. 华东政法大学学报，2013(6)：57-70.
② 《农业行政处罚程序规定》经农业农村部2019年第12次常务会议修订通过，自2020年3月1日起施行。农业部2006年4月25日发布的《农业行政处罚程序规定》同时废止。
③ 自2019年4月1日起施行。

举行听证的权利。"

另外，行政处罚如果是拆除建筑物和其他设施，恢复土地原貌的，该处罚结果涉及财产金额巨大，属于对当事人权利义务影响较大的行政处罚，也应当告知当事人有要求举行听证的权利[1]，当事人要求举行听证的，行政机关应当组织听证。

案例46　潘茂川诉百色市右江区林业局行政处罚案[2]

【裁判要点】

行政机关作出没收较大数额涉案财产的行政处罚决定时，未告知当事人有要求举行听证的权利或者未依法举行听证的，人民法院应当依法认定该行政处罚违反法定程序。

【相关法条】

《中华人民共和国行政处罚法》第四十二条

【基本案情】

上诉人（一审原告）：潘茂川

被上诉人（一审被告）：百色市右江区林业局

2014年5月23日，原告运输一车桉原木，被林业执法工作人员拦查，发现原告所运输的木材规格与随车的《木材运输证》《运输木材明细表》所记载的准运规格不相符。2014年6月13日，被告向原告送达了《林业行政处罚先行告知书》，告知拟没收其规格不符部分的桉原木27.4158立方米木材，并告知原告依法享有陈述和申辩权利，原告明确放弃陈述和申辩权利，要求马上处理。2014年6月16日，被告作出《林业行政处罚决定书》，没收原告规格不符部分的桉原木27.4158立方米木材，并送达原告。原告不服，提起行政诉讼，请求撤销《林业行政处罚决定书》。

【裁判结果】

确认被上诉人作出的《林业行政处罚决定书》程序违法。

【案例评析】

本案中，被上诉人作出没收上诉人27.4158平方米原木的行政处罚，属于作出没收较大数额财产的行政处罚的具体行政行为，应当适用听证程序，但被上诉人作出行政处罚决定之前，既未告知上诉人有权要求举行听证的权利，也未按规定举行听证，违反了法定程序。被上诉人在案件审理期间，认为在作出《林业行政处罚决定书》时，程序上存在瑕疵，自行撤销了《林业行政处罚决定书》，上诉人表示不撤回上诉，人民法院作出确认违法判决。

【其他问题】

2020年7月1日实施的《中华人民共和国森林法》取消了木材运输行政许可制度，上述无证运输木材被行政处罚案例将成为历史。

---

[1] 海南省高级人民法院（2019）琼行终725号行政判决书。
[2] 广西壮族自治区百色市中级人民法院（2015）百中行终字第26号行政判决书。

案例 47　许艳青诉那坡县林业局行政处罚案[①]

【裁判要点】

行政机关作出没收较大数额涉案财产的行政处罚决定时，未告知当事人有要求举行听证的权利或者未依法举行听证的，人民法院应当依法认定该行政处罚违反法定程序。

【相关法条】

《中华人民共和国行政处罚法》第四十二条

【基本案情】

原告：许艳青

被告：那坡县林业局

2013年11月3日下午，原告在未办理取得木材运输证的情况下，雇请两辆大货车将其购买的杉原木装车运往省城销售，被林业行政执法人员当场查获。无证运输的杉原木共60.4444立方米。被告作出《林业行政处罚决定书》，将原告非法运输的杉原木60.4444立方米予以没收。原告不服，遂向本院提起行政诉讼，请求法院撤销被告作出的具体行政行为。

【裁判结果】

确认被告作出的《林业行政处罚决定书》程序违法，由被告重新作出具体行政行为。

【案例评析】

被告在作出《林业行政处罚决定书》之前，没有书面告知原告有听证的权利，违反法定程序。案件在审理过程中，被告以作出行政处罚决定前没有举行听证为由，撤销了《林业行政处罚决定书》，法院征求原告是否撤诉的意见，原告表示不同意撤诉。法院依法作出确认违法判决。

【其他问题】

2020年7月1日实施的《中华人民共和国森林法》取消了木材运输行政许可制度，上述无证运输木材被行政处罚案例将成为历史。

二、适用听证的案件也应当告知陈述申辩权

（一）听证告知和先行告知的适用

林业行政处罚先行告知，是指林业主管部门在作出行政处罚决定之前，告知当事人拟给予行政处罚决定的事实、理由、依据和依法享有陈述、申辩权利的行政行为。被处罚的相对人根据林业主管部门告知内容，再决定是否行使陈述、申辩权。

林业行政处罚听证程序，是指林业主管部门在作出责令停产停业、吊销许可证或者执照、较大数额罚款等行政处罚决定之前，告知相对人有要求举行听证的

[①] 广西壮族自治区那坡县人民法院（2014）那行初字第2号行政判决书。

权利,依当事人申请,按照法定形式启动,听取当事人的陈述、申辩,并进行质证的程序。

(二)不能用听证告知代替先行告知

先行告知陈述、申辩权是任何行政处罚的必经程序,听证告知是较重行政处罚案件的必经程序。适用听证程序的处罚案件同样应当告知相对人享有陈述、申辩权利,若未告知即是程序违法。听证程序和一般程序是包容与被包容的关系,听证程序不能脱离一般程序而独立存在,需要在一般程序要求的基础上另行进行听证程序。因此两项权利的告知均是执法机关的法定义务,不能以听证的告知代替陈述、申辩权的告知,放弃听证不能等同于放弃陈述、申辩。

案例48 杨水英诉龙川县公安局森林分局行政处罚案①

【裁判要点】

未告知陈述、申辩的权利。

【基本案情】

原告:杨水英

被告:龙川县公安局森林分局

第三人:吴海浪

被告根据第三人报案,于2013年8月26日立案,对原告盗伐林木进行调查处理。被告于2013年12月27日邀请林业工程技术人员对原告砍伐林木的蓄积量进行鉴定。2014年3月7日,被告向原告同时送达了《鉴定结论通知书》《林业行政处罚听证权利告知书》和《林业行政处罚决定书》。《林业行政处罚决定书》认定原告盗伐第三人自留山上的松木、杉木,林木材积共计0.859257立方米,木材价值516元。被告根据《中华人民共和国森林法》第三十九条第一款的规定,决定给予原告如下行政处罚:(1)处2580元的罚款;(2)赔偿林木价值516元;(3)2014年春在砍伐迹地补种370株松树、140株杉树。2014年5月4日,原告向法院提起行政诉讼,请求撤销被告作出的《林业行政处罚决定书》。

【案例评析】

被告同时将《鉴定结论通知书》《林业行政处罚听证权利告知书》和《林业行政处罚决定书》送达给原告杨水英。根据《中华人民共和国行政处罚法》第四十二条和《广东省行政处罚听证程序实施办法》第五条的规定,被告侵犯了原告申请听证的权利,属违反法定程序。另外,被告未送达《林业行政处罚先行告知书》,侵犯了原告申请陈述和申辩的权利,亦属于程序违法。

【其他问题】

行政处罚有"赔偿林木价值516元"一项,但"赔偿损失"不是行政处罚。行政处罚法第八条即行政处罚的种类中没有"赔偿损失"的规定,赔偿损失的对象是林木被盗伐的第三人,若认定"赔偿损失"为行政处罚,赔偿对象应为国家,

---

① 广东省龙川县人民法院行政判决书(2014)河龙法行初字第11号。

故不能将"赔偿损失"认定为行政处罚的种类。赔偿损失应属民事法律调整的范畴,行政机关应告知侵权方向受害方赔偿损失,若侵权方不履行此项义务,受害方可向法院提起民事诉讼,以维护自身合法权益。基于此,2020年7月1日实施的《中华人民共和国森林法》已经删除了"盗伐森林或者其他林木的,依法赔偿损失"的规定。

(三)行政相对人的选择权

听证程序不能代替事先告知程序,在作出听证告知同时也应告知陈述、申辩权利。执法机关对当事人负有双重告知的义务,当事人相应有自行选择行使方式的权利。以听证告知代替陈述申辩告知是对当事人权利的实质限制和剥夺。两项告知不能互相替代,当事人未要求举行听证不能推定其放弃陈述或者申辩的权利。

关于双重告知的模式选择,2012版林业行政处罚文书格式(林策发[2012]288号)有"林业行政处罚先行告知书""林业行政处罚听证权利告知书"。如果两份文书稍显繁杂也可以在先行告知书中加一栏:"□根据《中华人民共和国行政处罚法》第四十二条第一款规定,你(单位)有要求举行听证的权利。如你(单位)要求听证,应当在收到本通知后3日内提出申请。逾期视为放弃听证。(在□内打'√'的为当事人享有该权利。)"

案例49 赵琴芳诉定西市森林公安局安定分局行政处罚案[①]

【裁判要点】

林业主管部门对当事人享有的陈述、申辩权和要求举行听证的权利(符合听证条件的行政处罚案件)的告知,不能进行选择性告知。

【相关法条】

《中华人民共和国行政处罚法》第三十一条、第三十二条、第四十二条

【基本案情】

原告:赵琴芳

被告:定西市森林公安局安定分局

2010年农历8月,原告将936平方米集体林地开垦种植农作物,2013年7月29日被被告巡查民警发现。被告经调查取证认为,原告的行为属非法开垦林地,对原告作出《林业行政处罚决定书》,决定:(1)停止违法行为,限一个月恢复原状;(2)处非法开垦每平方米3元的罚款共计2808元。被告于2013年8月13日同时向原告送达了《林业行政处罚决定书》《林业行政处罚听证权利告知书》。原告不服,向法院提起行政诉讼,请求撤销《林业行政处罚决定书》。

【裁判结果】

撤销被告作出的《林业行政处罚决定书》。

---

① 甘肃省定西市安定区人民法院(2014)安行初字第4号一审行政判决书。

【案例评析】

"陈述、申辩权"和"申请听证权"是行政相对人依法享有的两个不同的权利。本案原告只收到《林业行政处罚听证权利告知书》，表明被告在作出行政处罚决定前，未送达《林业行政处罚先行告知书》，亦即未履行先行告知义务。先行告知和听证告知是行政处罚中两个非常重要的法定程序，林业主管部门如果未告知行政相对人陈述和申辩的权利，是一种程序违法行为。

案例50 万荣公司诉石屏县林业局行政处罚案①

【裁判要点】

听证告知与先行告知两个法律程序不能互相代替。林业主管部门只送达《林业行政处罚听证权利告知书》而未送达《林业行政处罚先行告知书》，导致当事人陈述、申辩的权利未能得到保障，应认定为程序违法。

【相关法条】

《中华人民共和国行政处罚法》第三十一条、第三十二条、第四十二条

【基本案情】

上诉人（原审原告）：云南省红河州万荣电气实业有限公司（简称：万荣公司）

被上诉人（原审被告）：石屏县林业局

2014年2月8日，石屏县林业局将赵万荣非法占用农用地的刑事案件撤销后，将赵万荣擅自开垦林地案件列为林业行政案件，并于同日向赵万荣出具《陈述、申辩权利告知书》、2014年2月13日向赵万荣出具了《林业行政处罚听证权利告知书》，赵万荣于2014年2月14日申请听证，石屏县林业局于2014年2月27日举行了听证。2014年3月10日，石屏县林业局撤销了对赵万荣擅自开垦林地案，并于同日将万荣公司擅自开垦林地案件列为林业行政案件。2014年3月17日，石屏县林业局向万荣公司作了《当事人权利义务告知书》《林业行政处罚听证权利告知书》，于2014年3月21日作出林业行政处罚决定，并于2014年3月23日将该处罚决定书邮寄送达给万荣公司。万荣公司于2014年7月18日向石屏县人民法院提起行政诉讼，请求依法撤销石屏县林业局作出的林业行政处罚决定。

【裁判结果】

一审驳回原告云南省红河州万荣电气实业有限公司的诉讼请求。二审撤销石屏县林业局的林业行政处罚决定，判令石屏县林业局于本判决送达之日起60日内重新作出具体行政行为。

【案例评析】

虽然听证权涵盖了陈述、申辩权，但两者存在本质差别，有不同的权利行使方式，前者不能代替后者。本案在被处罚主体由赵万荣变更为万荣公司后，万荣公司只收到变更被处罚主体的听证权利告知书，石屏县林业局在未向万荣公司出具"陈述、申辩权利告知书"的情况下，向万荣公司下达了处罚决定书，程序违法。

---

① 云南省红河哈尼族彝族自治州中级人民法院（2015）红中行终字第2号行政判决书。

根据《中华人民共和国行政处罚法》有关规定，先行告知和听证告知都是行政机关在作出行政处罚决定前必须履行的法定义务，但两者是有区别的。听证告知以"作出责令停产停业、吊销许可证或者执照、较大数额罚款等行政处罚"为法定条件，而先行告知陈述权、申辩权，适用任何行政处罚程序。假如当事人未要求举行听证，行政机关又未另行事先告知陈述权、申辩权的，行政相对人的陈述权和申辩权就容易落空，这不符合《中华人民共和国行政处罚法》保护行政相对人的合法权益的立法宗旨。

三、听证程序的注意事项

（一）处罚决定与听证告知不能同日送达

案例 51　郭树祥诉方正县林业局行政处罚案[①]

【裁判要点】

《林业行政处罚听证权利告知书》和《林业行政处罚决定书》不能同一日送达。

【相关法条】

《中华人民共和国行政处罚法》第四十二条、第四十三条

【基本案情】

原告：郭树祥

被告：方正县林业局

2017 年 12 月 24 日，原告倾倒废弃物案件，经被告勘查测量面积为 2605.5 平方米，对此被告于 2018 年 5 月 31 日根据《哈尔滨市林地管理条例》第四十条第四款对原告作出如下行政处罚：(1) 责令改正违法行为；(2) 罚款人民币 26055 元(2605.5×10 元)。处罚决定和听证权利告知书均系 2018 年 5 月 31 日当天送达。原告对被告的处罚不服，认为被告同时下达处罚决定和听证告知系程序违法。向法院提起行政诉讼，请求撤销被告作出的《林业行政处罚决定书》。

【裁判结果】

撤销被告作出的《林业行政处罚决定书》。

【案例评析】

《中华人民共和国行政处罚法》规定当事人依法享有进行陈述、申辩和要求举行听证的权利，是对当事人合法权益的一种保护和救济制度，同时也是对行政机关行政处罚行为的一种自我约束和审查、监督制度，使行政机关能够全面、客观、公正地依法作出行政处罚决定。针对本案而言，被告于 2018 年 5 月 31 日作出行政处罚决定，并于当天下发了听证权利告知书，违反了《中华人民共和国行政处罚法》关于听证程序的规定，属程序违法。

[①] 黑龙江省方正县人民法院(2018)黑 0124 行初 9 号行政判决书。

案例 52　贾其昌诉广灵县林业局行政处罚案①

【裁判要点】

《林业行政处罚听证权利告知书》和《林业行政处罚决定书》不能同一日送达。

【相关法条】

《中华人民共和国行政处罚法》第四十二条、第四十三条

【基本案情】

原告：贾其昌

被告：广灵县林业局

原告在2018年12月29日至2019年1月5日雇佣工人在老茬村村西南采摘沙棘果，采摘工人在采摘过程中方法不当，过度剪枝剪干，造成沙棘灌木的毁坏。违反了《中华人民共和国森林法》第二十三条第一款的规定，被告依据第四十四条第一款的规定，决定：(1)责令停止违法行为；(2)处毁坏林木所得经济价值二倍的罚款20000元。2019年1月9日，被告作出《林业行政处罚听证权利告知书》和《林业行政处罚决定书》并送达原告。原告请求法院依法撤销被告作出的《林业行政处罚决定书》。

【裁判结果】

撤销被告作出的《林业行政处罚决定书》。

【案例评析】

本案被告于2019年1月9日在给原告送达听证权利告知书时，原告提出听证申请，被告未采纳组织实施听证，却于当日作出《林业行政处罚决定书》并送达原告，违反法定程序，损害了原告的合法权益，行政处罚决定依法应予撤销。

案例 53　祝永芳诉黎城县林业局不服滥伐林木行政处罚案②

【裁判要点】

《林业行政处罚听证权利告知书》和《林业行政处罚决定书》不能同一日送达。

【相关法条】

《中华人民共和国行政处罚法》第四十二条、第四十三条

【基本案情】

上诉人(原审原告)：祝永芳

被上诉人(原审被告)：黎城县林业局

2014年4月，原告超出林木采伐许可范围滥伐树木6株，合立木蓄积6.7034立方米，属滥伐行为，被告拟作出林业行政处罚决定。2014年5月19日，被告的林业行政处罚听证权利告知呈批表显示："符合听证条件，建议告知当事人有要求举行听证的权利，"并且负责人签字同意告知。2014年5月20日，被告的《林业行政处罚听证权利告知书》载明：根据《中华人民共和国行政处罚

---

① 山西省浑源县人民法院(2019)晋0225行初13号行政判决书。
② 山西省长治市中级人民法院(2015)长行终字第3号行政判决书。

法》第四十二条和《林业行政处罚程序规定》的规定，对上述处罚，你有申请听证的权利。如需要听证，请在接到本通知之日起3日内向黎城县林业局提出听证申请。逾期不申请听证的，视为放弃听证权。同日，被告作出林业行政处罚决定。原告不服，提起行政诉讼，请求撤销林业行政处罚决定。

【裁判结果】

二审撤销被上诉人的林业行政处罚决定，责令被上诉人重新作出具体行政行为。

【案例评析】

听证权是当事人的一项重要的程序权利。在听证中，当事人对调查人员提出的违法事实、证据和行政处罚建议，可进行申辩和质证，并提出案件的事实、理由和证据。本案中，黎城县林业局以祝永芳存在滥伐林木行为，拟作出行政处罚决定，该局认定符合听证的条件，且于2014年5月20日作出告知，要求祝永芳可在3日内提出听证申请。然而，该局于当日又作出林业行政处罚决定，明显属程序违法，依法应予撤销。

案例54　罗金明诉马关县森林公安局行政处罚案[①]

【裁判要点】

《林业行政处罚听证权利告知书》和《林业行政处罚决定书》不能同一日送达。

【相关法条】

《中华人民共和国行政处罚法》第四十二条、第四十三条

【基本案情】

原告：罗金明

被告：马关县森林公安局

原告在未办理采伐许可证的情况下，于2016年4月6日采伐了4株杉木，经鉴定，涉案木材活立木蓄积1.8780立方米，折合材积1.3240立方米，价值2520元。

2016年7月1日，被告作出《林业行政处罚先行告知书》并送达原告罗金明。2016年7月5日，被告作出《林业行政处罚听证权利告知书》，告知原告罗金明"自接到本通知之日起3日内向马关县森林公安局提出听证申请。逾期不申请听证的，视为放弃听证权"。同日，被告对原告处以：（1）责令在2016年12月31日前补种林木20株；（2）并处罚款7560元的行政处罚。为此，原告提起诉讼，请求判决撤销林业行政处罚决定书。

【裁判结果】

撤销被告的《林业行政处罚决定书》。

【案例评析】

被告于2016年7月5日告知了原告可在3日内提出听证申请的权利，同时告知原告"逾期不申请听证的，视为放弃听证权"。同日，被告对原告作出行政处罚决定书。被告在原告申请期限未届满，就作出《林业行政处罚决定书》，被

[①] 云南省马关县人民法院(2016)云2625行初20号行政判决书。

告的行政行为违反了《中华人民共和国行政处罚法》第四十三条"听证结束后,行政机关依照本法第三十八条的规定,作出决定"的法定程序,原告请求撤销该行政行为,符合法律规定。

(二)不得在告知听证权后三日内作出处罚决定

行政机关告知当事人有要求举行听证的权利,当事人要求听证的,应当在行政机关告知后三日内提出,行政机关应当组织听证。

《中华人民共和国行政处罚法》规定的当事人提出听证的"三日"应当是不变期间,当事人明确表示不申请听证的,在听证申请期间届满前,仍然有权要求组织听证①,行政机关应当以其听证申请期间届满前的最后意思表示为准②。同时,根据《中华人民共和国民事诉讼法》第八十二条规定,期间开始的时和日,不计算在期间内。

行政机关在当事人放弃听证权利时,不等到三日期限终结,而立即进入下一程序,直接对当事人下达《行政处罚决定书》的行政行为已经违法。换个角度,当事人主动放弃申请举行听证是当事人的权利,但不能认为,当事人放弃听证权利即表示其申请举行听证的三日期限终结,而立即进入下一程序,直接向当事人下达《行政处罚决定书》。如果当事人反悔,且在三日期限内申请举行听证,或以未保证其申请举行听证的时间期限为理由,申请复议或提出行政诉讼,就会给行政机关带来不利,进而导致复议失败或行政诉讼败诉。因此,行政机关必须从时间上保证当事人实现申请举行听证的权利。

《中华人民共和国行政处罚法》第四十二条规定当事人提出听证申请的期间为三日,但对三日是自然日还是工作日的理解,理论和实践中均有不同的意见。应当理解为工作日。虽然《中华人民共和国行政处罚法》和国家林业局《林业行政处罚听证规则》对于期间没有明确的规定,但根据《中华人民共和国行政许可法》第八十二条和《中华人民共和国行政强制法》第六十九条规定的时限一般以工作日计算的情况来看,应以工作日来计算时限,不含法定节假日。再比如,为具体实施处罚听证而制定的政府规章《上海市行政处罚听证程序规定》第十六条则明确为三个工作日,可以认为是行政机关的自我限制与授益,更具有法治思维和符合立法本意。

案例55 土林公司诉元谋县自然资源公安局行政处罚案③
【裁判要点】

行政机关在当事人的听证期限届满前作出行政处罚决定,剥夺了当事人的听证权利。

---

① 王振宇. 听证权:放弃后可否再申请[N]. 中国国土资源报,2017-10-26(007).
② 孙树国. 听证期限未满即作出的处罚决定应予撤销[J]. 人民司法,2014(16):74-76.
③ 云南省楚雄彝族自治州中级人民法院(2019)云23行终34号行政判决书、云南省元谋县人民法院(2019)云2328行初12号行政判决书。

【相关法条】

《中华人民共和国行政处罚法》第四十二条、《公安机关办理行政案件程序规定》第一百三十四条

【基本案情】

原告(上诉人)：元谋浪巴铺土林景区有限公司(简称土林公司)

被告(被上诉人)：元谋县自然资源公安局(原元谋县森林公安局)

元谋县自然资源公安局于2018年6月27日接到土林公司在元谋县土林州级自然保护区新华浪巴铺片区范围内违规建盖房屋(宾馆)的线索后立案，2018年10月12日调查终结，2018年10月13日向土林公司送达了林业行政处罚事先告知书、听证告知书，土林公司表示不陈述申辩及听证。当日，元谋县自然资源公安局作出林业行政处罚决定。

【裁判结果】

一审驳回原告土林公司的诉讼请求。二审撤销一审判决、撤销林业行政处罚决定书。

【案例评析】

本案争议的焦点之一是林业行政处罚程序是否合法。本案中，土林公司放弃听证后，公安机关当日即作出处罚决定。根据《中华人民共和国行政处罚法》第四十二条规定，(一)当事人要求听证的，应当在行政机关告知后三日内提出。《公安机关办理行政案件程序规定》第一百二十四条规定，违法嫌疑人放弃听证或者撤回听证要求后，在作出处罚决定前，又提出听证要求的，只要在听证申请有效期限内，应当允许。依据上述规定，公安机关应当在听证告知的三日届满才能作出行政处罚，未满足三日期限即作出行政处罚，属于程序违法。

案例56 管恩旭诉北镇市林业局行政处罚案①

【裁判要点】

当事人要求听证的，应当在行政机关告知后三日内提出。以日计算的期间从次日起算。

【相关法条】

《中华人民共和国行政处罚法》第四十二条

【基本案情】

原告：管恩旭

被告：北镇市林业局

2013年，原告在村南河套的林地内非法采砂，被告于2015年8月14日登记立案。经原告现场辨认、指认，勘验人员现场勘验，询问查证，2015年11月16日，被告经集体讨论决定对原告违法行为实施林业行政处罚，并向原告送达了林业行政处罚先行告知书，2015年11月19日向原告告知听证权利，载明：如需要听证，请在接到本通知之日起3日内提出听证申请。又于2015年11月22日对

---

① 辽宁省北镇市人民法院(2016)辽0782行初55号行政判决书。

原告作出林业行政处罚决定，决定书载明：(1)按擅自改变用途林地每平方米处 15 元罚款，即：700 平方米×15 元/平方米=10500 元的行政罚款；(2)限 2016 年 5 月 14 日前，恢复林地原状。并于当日向原告送达林业行政处罚决定书及责令限期恢复原状通知书。原告不服，向法院提起行政诉讼，请求依法撤销被告作出的林业行政处罚决定。

【裁判结果】

撤销被告作出的林业行政处罚决定书。

【案例评析】

根据《中华人民共和国行政诉讼法》第一百零一条规定，人民法院审理行政案件，关于期间，本法没有规定的，适用《中华人民共和国民事诉讼法》的相关规定。《最高人民法院关于适用〈中华人民共和国民事诉讼法〉的解释》第一百二十五条规定，依照民事诉讼法第八十二条第二款规定，民事诉讼中以日计算的期间从次日起算。本案被告于 2015 年 11 月 19 日向原告送达的林业行政处罚听证权利告知书。按照上述法律规定，听证期限应从 2015 年 11 月 20 日起算，而被告于 2015 年 11 月 22 日向原告送达林业行政处罚决定书，是在听证期限内作出行政处罚决定，侵犯了原告的听证权利，违反法定程序。

案例 57 常晓东诉通榆县林业局行政处罚案①

【裁判要点】

当事人要求听证的，应当在行政机关告知后三日内提出。以日计算的期间从次日起算。

【相关法条】

《中华人民共和国行政处罚法》第四十二条

【基本案情】

原告：常晓东

被告：通榆县林业局

被告：通榆县人民政府

2010 年 5 月初，原告未经林业主管部门审批，擅自在通榆县鸿兴镇某林地内建设奶牛养殖合作社面积达 2.76 公顷。2017 年 8 月 1 日林业局向原告送达了行政处罚先行告知书、听证告知书、1 号行政处罚决定书，2017 年 8 月 2 日林业局又向原告送达了落款日期为 2017 年 8 月 4 日的 2 号行政处罚决定书，并同时将落款日期为 2017 年 8 月 1 日的 1 号行政处罚决定书收回，2017 年 8 月 7 日原告向县政府申请行政复议，县政府作出 40 号行政复议决定，撤销了林业局作出的 2 号行政处罚决定，随后县政府又作出 3 号文，撤销了 40 号行政复议决定，同时作出 41 号行政复议决定，维持了林业局作出的 2 号行政处罚决定，2017 年 10 月 10 日原告提起行政诉讼，要求撤销林业局作出的行政处罚决定和县政府作出的行政复议决定。

① 吉林省通榆县人民法院(2017)吉 0822 行初 42 号行政判决书。

【裁判结果】

撤销林业局作出的2号行政处罚决定及县政府作出的41号行政复议决定。

【案例评析】

按照法律规定，林业局只能在听证期限届满后，才能作出行政处罚决定。《中华人民共和国行政处罚法》第四十二条第一款第（一）项规定："当事人要求听证的，应当在行政机关告知后三日内提出。"被告于2017年8月1日告知听证权利，应当在2017年8月5日才能作出行政处罚决定。但是，林业局在2017年8月2日就送达了落款为2017年8月4日的行政处罚决定书。退一万步讲，落款2017年8月4日的行政处罚决定书当日送达，也会导致实际上由法律规定的告知后三日内提出听证申请，变成告知后二日内提出，违反法律规定。本案林业局在原告可以提出听证的期限内作出行政处罚决定，剥夺了原告听证的权利。县政府作为复议机关对违反法定程序的行政处罚，作出维持的复议决定也是错误的，应当予以撤销。

案例58　刘五安诉洛阳市林业局行政处罚案[①]

【裁判要点】

《中华人民共和国行政处罚法》规定的当事人提出听证的"三日"是不变期间，当事人表示放弃申请听证权或者明确表示不申请听证的，行政机关应当等待听证申请期间届满，再作出行政处罚决定。

【相关法条】

《中华人民共和国行政处罚法》第四十二条

【基本案情】

原告：刘五安

被告：洛阳市林业局

2010年9月1日，营庄居委会将位于该社区东310国道南的2亩土地（果园）承包给原告，承租期限为30年，自2010年9月1日至2040年8月31日。2015年6月，原告未经林业主管部门审核同意，将该地块上的果树铲除，改建为沙场存放沙子。被告经调查认定原告在未办理林地征占用手续的情况下，擅自改变林地用途，2017年8月8日，被告向原告送达《行政处罚先行告知书》和《林业行政处罚听证权利告知书》，原告于当日签署自愿放弃陈述、申辩权和听证权的意见。被告遂于2017年8月11日作出001号处罚决定书，对其处以27320元的罚款，并限期恢复原状。原告不服，提起行政诉讼，请求撤销被告作出的林业行政处罚决定书。

【裁判结果】

撤销被告作出《林业行政处罚决定书》的行政行为。

【案例评析】

《中华人民共和国行政处罚法》第四十二条第一项规定，当事人要求听证的，

[①] 洛阳铁路运输法院(2017)豫7102行初235号行政判决书。

应当在行政机关告知后三日内提出。本案中,被告于2017年8月8日告知原告听证权利,虽然当日原告表示放弃听证权,但《中华人民共和国行政处罚法》规定的当事人提出听证的"三日"应当是个不变期间,当事人表示放弃申请听证权或者明确表示不申请听证的,在听证申请期间届满前,仍然有权要求组织听证,行政机关应当以其听证申请期间届满前的最后意思表示为准。根据《中华人民共和国民事诉讼法》第八十二条规定,期间以时、日、月、年计算。期间开始的时和日,不计算在期间内。被告应于2017年8月12日起才能作出行政处罚,而在本案中,其于2017年8月11日作出处罚决定书并在当日送达原告,虽原告最终未在法定的3日内申请听证,不存在剥夺原告陈述、申辩的权利,但仍应属行政程序违法。

案例59 吴昌华诉施秉县林业局行政处罚案①

【裁判要点】

《中华人民共和国行政处罚法》中的较短期限(如三日、七日),都应当理解为工作日。如果算自然日,遇上节假日,不利于保障当事人的期限利益。

【相关法条】

《中华人民共和国行政处罚法》第四十二条、《中华人民共和国民事诉讼法》第八十二条

【基本案情】

原告:吴昌华

被告:施秉县林业局

2014年6月22日,被告在检查中发现,原告未经批准非法占用林地开办洗矿厂,遂由施秉县森林公安局以刑事案件立案侦查,2015年2月6日向施秉县人民检察院移送审查起诉,施秉县人民检察院作出不起诉决定书。被告便于2015年6月27日对原告立案查处,于2015年7月2日(星期四)向原告送达了《陈述、申辩权利告知书》和《林业行政处罚听证权利告知书》,拟对原告的违法行为处罚,并告知其有陈述和申辩的权利,如需要听证,则在接通知之日起3日内提出听证申请,逾期不申请,视为放弃听证。原告于2015年7月6日(星期一)下午向被告递交了听证申请书,7月7日被告作出《不予受理听证申请通知书》并于同日送达原告,以申请超过法定期限为由,决定不予受理其听证申请。2015年7月15日,被告作出《林业行政处罚决定书》并于同日送达原告,决定对原告行政处罚如下:(1)责令停止违法行为,限期恢复原状,补种损坏的林木;(2)处以罚款112333.9元。原告不服,向法院提起行政诉讼,请求撤销被告作出的行政处罚决定。

【裁判结果】

撤销被告作出的《林业行政处罚决定书》。

【案例评析】

被告于2015年7月2日(星期四)向原告送达了听证权利告知书,如需要听

---

① 贵州省镇远县人民法院(2015)镇行初字第00026号行政判决书。

证,在收到通知书之日起 3 日内提出听证申请,逾期不申请,视为放弃听证。原告于 2015 年 7 月 6 日(星期一)下午向被告递交了听证申请书,被告于 7 月 7 日以申请超过法定期限为由,作出《不予受理听证申请通知书》。虽然《中华人民共和国行政处罚法》和国家林业局《林业行政处罚听证规则》对于期间没有明确的规定,但根据国家有关行政立法中规定的时限一般均以工作日计算的情况来看,应以工作日来计算时限,不含法定节假日。显然在该案中,由于 2017 年 7 月 4 日、5 日分别为星期六、星期日,2017 年 7 月 6 日应为原告提出申请听证的届满之日。可原告恰好于 2017 年 7 月 6 日下午向被告递交了听证申请书,而被告却以超过听证申请期限不予受理听证,违反了程序正当原则,剥夺了原告陈述和申辩以及请求听证的权利。

(三)举行听证的七日前通知当事人

案例 60　裴成国诉开鲁县林业局行政处罚案①

【裁判要点】

行政机关应当在听证的七日前,通知当事人举行听证的时间、地点。

【相关法条】

《中华人民共和国行政处罚法》第四十二条

【基本案情】

原告:裴成国

被告:开鲁县林业局

2015 年 6 月 13 日,被告接群众举报,经取证认定原告存在开垦林地种植农作物的违法行为。在被告作出行政处罚前,原告书面申请听证。被告作出行政处罚听证通知书,落款时间 2017 年 9 月 22 日,2017 年 9 月 23 日向原告送达,通知书内容为 2015 年 9 月 29 日在开鲁县林业局公开举证听证。2015 年 9 月 29 日被告以原告未按时参加听证为由终止了此次听证程序。2015 年 11 月 10 日被告作出行政处罚决定书,认定原告于 2015 年在开鲁县某镇某村北开垦承包的林地种植农作物,面积为 40539.53 平方米,对原告作出以下行政处罚:(1)于 2016 年 5 月 1 日之前恢复林地原状;(2)行政罚款 24323.72 元。

【裁判结果】

撤销被告的行政处罚决定书,责令被告重新作出行政处罚决定。

【案例评析】

被告作出听证通知书时间为 2015 年 9 月 22 日,送达时间为 2015 年 9 月 23 日,比法律规定的通知时间晚一天,看似原告并没有因晚一天送达致使听证权利受到影响。但是,根据《中华人民共和国行政处罚法》第四十二条第一款第(二)项的规定"行政机关应当在听证的七日前,通知当事人举行听证的时间、地点",

---

① 内蒙古自治区奈曼旗人民法院(2016)内 0525 行初 13 号行政判决书、内蒙古自治区通辽市中级人民法院(2017)内 05 行终 13 号行政判决书。

被告决定于 2015 年 9 月 29 日举行公开听证，最迟应当于 2015 年 9 月 22 日通知原告听证的时间、地点，但被告行政处罚听证通知书第 2 页记录送达时间为"2015 年 9 月 23 日"，不符合上述规定，故被告作出的行政处罚决定书程序违法，应当予以撤销。

第六章
审查决定

一、审查种类

(一) 法制审核

林业行政处罚案件经调查事实清楚、证据确凿的,应当填写《林业行政处罚意见书》,并连同《林业行政处罚登记表》和证据等有关材料,由林业行政执法人员送法制工作机构从事行政处罚决定审核的人员进行审核,提出初步意见后,再交由本行政主管部门负责人审查决定。

行政机关中初次从事行政处罚决定审核的人员,应当通过国家统一法律职业资格考试取得法律职业资格。

> **《国务院办公厅关于全面推行行政执法公示制度执法全过程记录制度重大执法决定法制审核制度的指导意见》(国办发[2018]118号)**
> ……
> 四、全面推行重大执法决定法制审核制度
> 重大执法决定法制审核是确保行政执法机关作出的重大执法决定合法有效的关键环节。行政执法机关作出重大执法决定前,要严格进行法制审核,未经法制审核或者审核未通过的,不得作出决定。
> ……
> (十二)明确审核范围。凡涉及重大公共利益,可能造成重大社会影响或引发社会风险,直接关系行政相对人或第三人重大权益,经过听证程序作出行政执法决定,以及案件情况疑难复杂、涉及多个法律关系的,都要进行法制审核。

案例 61　宋小山诉阳城县公安局森林公安警察大队行政处罚案①

【裁判要点】

在行政机关负责人作出行政处罚决定之前，应当由从事行政处罚决定审核的人员进行审核。行政机关中初次从事行政处罚决定审核的人员，应当通过国家统一法律职业资格考试取得法律职业资格。

根据行政审判中的普遍认识和做法，行政相对人的行为发生在新法施行以前，具体行政行为作出在新法施行以后，人民法院审查具体行政行为的合法性时，实体问题适用旧法规定，程序问题适用新法规定，但下列情形除外：(1)法律、法规或规章另有规定的；(2)适用新法对保护行政相对人的合法权益更为有利的；(3)按照具体行政行为的性质应当适用新法的实体规定的。

【相关法条】

《中华人民共和国行政处罚法》第三十八条第三款

【基本案情】

原告：宋小山

被告：阳城县公安局森林公安警察大队

2016年6月至8月期间，原告以修建房屋为由，先后三次将阳城县某公园东入口停车场南边的6棵雪松、41棵侧柏和1棵柳树砍伐。2016年6月4日，经人举报，被告立案调查。2016年7月3日被告森林公安以案情复杂延长办案期限三个月，2016年9月3日被告森林公安仍以案情复杂延长办案期限。被告于2019年8月12日作出林业行政处罚决定书：(1)处以毁坏林木价值1倍的罚款，计15240元整；(2)责令补种故意毁坏株数贰倍的树木，计玖拾陆株。原告不服，提起行政诉讼。

另查明，被告提交的证据显示，案涉行政处罚决定未依法进行审核。庭审中，被告森林公安自认其单位未设置相应审核机构，认为林业行政处罚案件发生在2016年，上述规定系《中华人民共和国行政处罚法》修订后2018年实施，不适用该规定。

【裁判结果】

撤销被告作出的林业行政处罚决定书，被告在判决生效后三十日内对原告砍伐树木的违法行为重新作出行政行为。

【案例评析】

案涉林业行政处罚案件违法事实发生于2016年6月至8月，原告认可2016年6月4日砍伐的一棵雪松，被告登记立案也是针对2016年6月4日原告的违法行为立案调查，至2016年9月延期呈请批准，被告森林公安未及时作出处罚，程序存在瑕疵。呈请延期时申请理由并未确定原告在同年8月份有两次新的违法行为，《中华人民共和国行政处罚法》规定违法行为超过二年未被发现的，不再给予行政处罚。

本案中，被告森林公安提交的证据显示，案涉行政处罚决定未依法进行法制审

---

① 山西省高平市人民法院(2019)晋0581行初79号行政判决书。

核。第十二届全国人民代表大会常务委员会第二十九次会议于2017年9月1日通过《全国人民代表大会常务委员会关于修改〈中华人民共和国法官法〉等八部法律的决定》，其中第八条对《中华人民共和国行政处罚法》作出修改，在第三十八条中增加一款，作为第三款："在行政机关负责人作出决定之前，应当由从事行政处罚决定审核的人员进行审核。行政机关中初次从事行政处罚决定审核的人员，应当通过国家统一法律职业资格考试取得法律职业资格。"该决定2018年1月1日起施行。关于新旧法律规范的适用规则，《最高人民法院关于审理行政案件适用法律规范问题的座谈会纪要》(法[2004]96号)第三部分规定了"实体从旧、程序从新"并有利于行政相对人的原则，因此，对于发生在新法施行之前的行政行为应当从有利于保护行政相对人合法权益的角度选择法律适用。被告对原告作出行政处罚前，应适用该规定进行法制审核而未审核作出处罚，属程序违法。

（二）行政机关负责人审查

调查终结，行政机关负责人应当对调查结果进行审查，根据不同情况，分别作出如下决定：

(1)确有应受行政处罚的违法行为的，根据情节轻重及具体情况，作出行政处罚决定；

(2)违法行为轻微，依法可以不予行政处罚的，不予行政处罚；

(3)违法事实不能成立的，不得给予行政处罚；

(4)违法行为已构成犯罪的，移送司法机关。

（三）行政机关负责人集体审查

情节复杂或者重大违法行为需要给予较重行政处罚的，林业行政主管部门的负责人应当集体讨论决定。对重大、复杂行政处罚案件的处理，林业主管部门应当持极为慎重的态度，既能够保障依法行政，又能维护公民、法人或者其他组织的合法权益。较重的行政处罚，可能对被处罚人的权利造成巨大影响。经过负责人的集体讨论，不仅能够防止个别领导干部滥用权力，还能最大限度地保证行政决策的民主性和科学性，避免决策的随意性。何谓"较重的行政处罚"，应当以部门或地方的规定为依据，很多省市均颁布了"重大行政处罚决定备案办法"。

案例62　李孟修诉阳西县公安局森林分局行政处罚案[①]

【裁判要点】

对情节复杂或者重大违法行为给予较重的行政处罚，行政机关的负责人应当集体讨论决定。

【相关法条】

《中华人民共和国行政处罚法》第三十八条、《林业行政处罚程序规定》第三十一条

[①] 广东省阳江市阳东区人民法院(2019)粤1704行初5号行政判决书。

【基本案情】

原告：李孟修

被告：阳西县公安局森林分局

原告于 2017 年 11 月 14 日至 2017 年 11 月 21 日期间，未经县级以上林业主管部门审核同意，擅自在阳西县某处无证砍伐杂树面积 6.1 亩，杂树 769 株，林种属于一般用材林，林木蓄积量为 15.7 立方米，折合木材产量 9.9 立方米。上述行为违反了《中华人民共和国森林法》第三十二条第一款的规定已构成滥伐林木。

2018 年 8 月 28 日，被告对原告作出林业行政处罚先行告知书，告知原告有陈述和申辩的权利，并听取了原告的申辩。同日，被告向原告作出林业行政处罚听证权利告知书，告知其有申请听证的权利。2018 年 9 月 11 日，被告举行听证并制作听证笔录，原告拒绝在听证笔录上签名。林业行政处罚案件听证会报告书载明听证会基本情况摘要：原告对事实及证据有异议，案件调查人员认为事实清楚，证据充足，建议立即作出林业行政处罚。2018 年 9 月 13 日，被告依据《中华人民共和国森林法》第三十九条第二款和参照《阳西县林业局行政处罚自由裁量权量化标准》以及参考《阳西县市场林木销售价格市场调查报告书》，对原告作出行政处罚：（1）责令补种滥伐林木 5 倍的树木共计 3845 株；（2）并处滥伐林木价值 3 倍的罚款 11 880 元。原告不服，向法院提起行政诉讼。另查明，被告没有提交经其负责人集体讨论后作出被诉行政处罚的证据。

【裁判结果】

撤销被告作出的林业行政处罚决定。

【案例评析】

《中华人民共和国行政处罚法》第三十八条第二款规定："对情节复杂或者重大违法行为给予较重的行政处罚，行政机关的负责人应当集体讨论决定。"《林业行政处罚程序规定》第三十一条规定："林业行政处罚案件经调查事实清楚、证据确凿的，应当填写《林业行政处罚意见书》，并连同《林业行政处罚登记表》和证据等有关材料，由林业行政执法人员送法制工作机构提出初步意见后，再交由本行政主管部门负责人审查决定。情节复杂或者重大违法行为需要给予较重行政处罚的，林业行政主管部门的负责人应当集体讨论决定。"第三十八条规定："听证结束后，林业行政主管部门依照本规定第三十一条，作出决定。"根据上述规定，林业行政处罚案件调查结束后，对情节复杂或者重大违法行为需要给予较重行政处罚的，行政机关的负责人应当集体讨论决定。本案中，被告在调查结束后，对原告作出责令补种滥伐林木 5 倍的树木共计 3845 株，并处滥伐林木价值 3 倍的罚款 11880 元的行政处罚决定，属于给予较重行政处罚。但被告作出行政处罚决定未经过行政机关负责人集体讨论，故其作出的行政行为违反法定程序，依法应予撤销。

案例63　崔国刚诉乐陵市林业局行政处罚案①

【裁判要点】

对情节复杂或者重大违法行为给予较重的行政处罚，行政机关的负责人应当集体讨论决定。

【相关法条】

《中华人民共和国行政处罚法》第三十八条、《林业行政处罚程序规定》第三十一条

【基本案情】

上诉人（原审原告）：崔国刚

被上诉人（原审被告）：乐陵市林业局

2011年6月8日，花园镇关王堂村村民委员会向被上诉人举报，称上诉人于2010年12月25日晚，未经批准，将位于该村承包地内的200多棵枣树砍伐。被上诉人接报后，当天对该案立案调查，上诉人在询问笔录中承认让买树的人砍伐了300多棵枣树，每棵树价值3元，共卖了1000元左右。乐陵市价格认定中心对被砍伐的枣树作出价格认定结论书，认定被盗伐285棵枣树的价格为25650元。被上诉人作出林业行政处罚决定，给予上诉人如下行政处罚：（1）罚款128 250元；（2）没收树款1000元；（3）补种树木2850棵。

【裁判结果】

撤销被上诉人作出的林业行政处罚决定。

【案例评析】

《中华人民共和国行政处罚法》第三十八条第二款和《林业行政处罚程序规定》第三十一条第二款规定："情节复杂或者重大违法行为需要给予较重行政处罚的，林业行政主管部门的负责人应当集体讨论决定。"对重大、复杂林业行政处罚案件的认定，如果地方没有明确的规定，应当从行政机关进行行政执法工作的实际经验出发，予以确定。乐陵市林业局作出的对个人给予12万元的林业行政处罚决定，明显为重大行政处罚，未经单位负责人集体讨论决定，程序违法。

【其他问题】

本案发生于2016年之前。山东省人民政府法制办公室于2016年12月30日印发了《山东省重大行政执法决定法制审核办法》（鲁府法发〔2016〕28号），规定"需经听证程序作出的行政处罚，应当进行法制审核。"《山东省行政处罚听证程序实施办法》②第二条规定，对公民处以600元以上罚款，对法人或者其他组织处以20000元以上罚款，应当告知当事人有要求举行听证的权利。

---

① 山东省德州市中级人民法院（2014）德中行终字第35号行政判决书。
② 1997年6月24日起发布施行。

案例 64　吴昌华诉施秉县林业局林业行政处罚案①
【裁判要点】
情节复杂或者重大违法行为需要给予较重行政处罚的，林业行政主管部门的负责人应当集体讨论决定。
【相关法条】
《中华人民共和国行政处罚法》第三十八条、《林业行政处罚程序规定》第三十一条
【基本案情】
上诉人（原审被告）：施秉县林业局
被上诉人（原审原告）：吴昌华
2013 年 4 月至 2014 年 7 月，被上诉人未经林业主管部门批准，租用施秉县双井镇翁西村七组村民位于该村下沙湾（地名）的林地开办洗矿场。上诉人出具的《鉴定报告》及附件，证明被上诉人非法占用商品林经营区林地面积 16.85 亩，上诉人认为被上诉人非法占用林地面积在 5 亩以上，而且是 5 亩的 3 倍之多，属于违法情节较重的情形，符合《贵州省主要林业行政处罚自由裁量权裁量参考基准表》的规定，对其按每平方米 30 元处罚。2016 年 3 月 25 日，上诉人作出《林业行政处罚决定书》，对被上诉人给予以下行政处罚：（1）责令吴昌华停止违法行为，限期恢复原状，补种损坏的林木；（2）对吴昌华处以罚款 337001.70 元。被上诉人不服，提起行政诉讼，请求撤销上诉人作出的处罚决定。
【裁判结果】
撤销上诉人作出的《林业行政处罚决定书》，由上诉人在本判决发生法律效力后六个月内重新作出行政行为。
【案例评析】
上诉人对被上诉人给予法定处罚幅度内最重处罚时，未经林业行政主管部门的负责人集体讨论决定，违背了《中华人民共和国行政处罚法》第三十八条第二款和《林业行政处罚程序规定》第三十一条第二款"情节复杂或者重大违法行为需要给予较重行政处罚的，林业行政主管部门的负责人应当集体讨论决定"的规定，所作出的处罚决定程序违法。

案例 65　土林公司诉元谋县自然资源公安局行政处罚案②
【裁判要点】
对情节复杂或者重大违法行为给予较重的行政处罚，行政机关的负责人集体讨论决定，应当有集体讨论记录并存档。
【相关法条】
《中华人民共和国行政处罚法》第三十八条第二款

---

① 贵州省黔东南苗族侗族自治州中级人民法院（2017）黔 26 行终 26 号行政判决书。
② 云南省楚雄彝族自治州中级人民法院（2019）云 23 行终 34 号行政判决书、云南省元谋县人民法院（2019）云 2328 行初 12 号行政判决书。

【基本案情】

原告(上诉人):元谋浪巴铺土林景区有限公司(简称土林公司)

被告(被上诉人):元谋县自然资源公安局(原元谋县森林公安局)

第三人(上诉人):云南元谋旅游经营有限公司(简称旅游公司)

元谋县自然资源公安局2018年6月27日接到案件移送线索后立案,2018年10月12日调查终结,2018年10月13日向土林公司送达了林业行政处罚事先告知书,土林公司表示不陈述、申辩及听证。当日,元谋县自然资源公安局作出林业行政处罚决定,认定:土林公司在元谋县土林州级自然保护区新华浪巴铺片区范围内违规建盖房屋(宾馆)经专业技术人员鉴定,涉案面积为5.46亩,经进一步调查核实,元谋县土林州级自然保护区新华片区未划分核心区、缓冲区、试验区等,其在土林自然保护区范围内建盖房屋的行为构成在自然保护区缓冲区内建设生产设施的违法行为。依据《云南省自然保护区管理条例》的规定,处于以下行政处罚:(1)责令限期拆除;(2)并处罚款人民币30000元。

【裁判结果】

一审驳回原告土林公司的诉讼请求。二审撤销一审判决、撤销林业行政处罚决定书。

【案例评析】

本案争议的焦点之一是处罚程序是否合法。土林公司提出本案行政处罚决定未经集体决策,处罚程序违法。元谋县自然资源公安局认为,本案调查终结后,办案民警制作案件调查终结呈批表,交由承办机构、法制机构及行政机关负责人签字同意。后经局长办公会集体研究,一致同意承办机构的意见,并制作林业行政处罚意见书存档,系办案机关集体讨论决定。法院认为,根据《中华人民共和国行政处罚法》第三十八条第二款规定,对情节复杂或者重大违法行为给予较重的行政处罚,行政机关负责人应当集体讨论决定。元谋县自然资源公安局认为本案是应当经过集体讨论决定的案件,但其提供的行政处罚意见书不能代替集体讨论决定,故行政处罚程序违法。

最高人民法院于2014年6月23日颁发了五起典型案例,其中一起即郭德胜诉河南省卫辉市国土资源局行政处罚案,"被告对原告作出限期拆除建筑物即较重的行政处罚决定之前,应当经过本单位领导集体讨论决定,但是被告未提供其对原告作出的处罚决定经过了本单位领导集体讨论决定的证据。因此,被告对原告作出的处罚决定主要证据不足,不符合法定程序,依法应予撤销……并由被告重新作出处理。"最高人民法院在本案发布后的典型意义中点评道:"《行政处罚法》第三十八条第二款确立了行政处罚程序中的行政机关负责人集体讨论制度,即在对情节复杂或重大违法行为进行较重处罚前,行政机关的负责人通过党组会、联席会议、首长办公会等形式进行集体研究,再作出行政处罚决定。"该案例系最高人民法院所发布的典型案例,对于实践中的行政审判具有指导作用。本案公安机关在作出行政处罚决定前,履行集体讨论程序的,应由专人制作书面的讨论记录并附卷;未提供处罚决定经过了本单位领导集体讨论决定的任何证据,故林业行政处罚决定程序违法。

案例 66　刘鹏诉长岭县林业局行政处罚案①

【裁判要点】

林业主管部门对当事人作出较重的行政处罚决定之前，应当经过本单位领导集体讨论决定，对于集体讨论之后形成的决议，应当完整载入行政处罚决定书。

【相关法条】

《中华人民共和国行政处罚法》第三十八条、《林业行政处罚程序规定》第三十一条

【基本案情】

上诉人（原审原告）：刘鹏

被上诉人（原审被告）：长岭县林业局

上诉人于2013年12月份，在长岭县前七号镇六合水库林地非法占用林地取土，面积达1849平方米。被上诉人作出林业行政处罚决定，对上诉人作出如下行政处罚：（1）责令停止违法行为，在本决定生效之日起30日内恢复原状；（2）处擅自改变林地每平方米30元罚款，即1849平方米×30元/平方米=55470元。上诉人向法院提起行政诉讼，认为被上诉人程序违法，认定事实不清，要求人民法院依法撤销被上诉人的具体行政行为。

【裁判结果】

撤销被上诉人作出的林业行政处罚决定。

【案例评析】

集体讨论决定的是情节复杂或者重大违法行为给予较重的行政处罚案件。从法理上说，法律设定合议程序的目的在于要求行政行为的作出必须基于几个人形成的"合意"，未经合议或未形成合意，寓意决策或决定尚未成立②。而决定一旦成立，案件承办人必须将讨论决定的事项完整载入行政处罚决定书，不能遗漏。本案被上诉人提供的"案件集体讨论记录"记载的简要案情中，认定刘鹏除改变林地用途外还有毁坏林木287棵；结论性意见为处滥伐树木的5倍罚款、补种滥伐树木5倍的树木、处擅自改变林地用途每平方米30元的罚款。集体讨论意见有三项内容，落实到林业行政处罚决定书中，仅有集体讨论结论性意见的第三项，第一项和第二项意见未体现在行政处罚决定书中。处罚决定擅自改变了集体讨论处罚决定的事项，系程序违法。

二、程序审查

行政执法程序要求执法人员按照确定的顺序和步骤操作。实践中注意把握以下两个步骤：（1）告知在先，处罚意见书在后。告知包括先行告知和听证告知，当事人接到先行告知书之后，可以陈述和申辩，行政机关进行复核；当事人接到听证告知书之后，可以要求举行听证会，行政机关制作听证笔录。这是行政机关

---

① 吉林省松原市中级人民法院行政判决书（2014）松行终字第15号。
② 柳砚涛. 认真对待行政程序瑕疵——基于当下行政判决的实证考察[J]. 理论学刊，2015（8）：93-101.

在调查取证环节的必备流程,此流程结束,才送交行政机关负责人审查。(2)先取证,后裁决。林业主管部门只能以作出行政行为时所收集的证据证明处罚决定是合法的,而不能以事后补充的证据来证明之前作出的行为合法。凡是行政机关在行政程序结束之后调取的证据或者其他书面材料,不得成为案卷的一部分。

案例 67 北坪煤矿诉资中县森林公安局行政处罚案[①]

【裁判要点】

林业主管部门在作出行政处罚决定之后,才履行行政处罚事先告知程序,颠倒步骤程序违法。

【相关法条】

《中华人民共和国行政处罚法》第三十八条

【基本案情】

原告:威远县北坪煤矿

被告:资中县森林公安局

2017 年 4 月 18 日,原告在未办理林木采伐许可证,且未告知林木所有人的情况下,由其工作人员对通往威远县北坪煤矿输电线路下方 10 米范围内的竹木进行砍伐。2017 年 4 月 24 日,有人报案。当日,被告进行了现场勘验,并制作了勘验笔录。2017 年 5 月 1 日,被告将本案作为林业行政案件立案。被告于 2017 年 7 月 7 日作出林业行政处罚先行告知书;于 2017 年 7 月 13 日作出责令补种林木通知书;于 2017 年 8 月 7 日作出林业行政处罚决定书。上述三份行政法律文书均于 2017 年 8 月 11 日送达给原告。

【裁判结果】

(1)撤销被告作出的林业行政处罚决定;(2)责令被告在本判决生效后法定期限内重新作出行政处罚。

【案例评析】

现有证据表明,被告于 2017 年 7 月 7 日作出林业行政处罚先行告知书,于 2017 年 8 月 11 日将该告知书送达给原告,而被告于 2017 年 8 月 7 日作出行政处罚决定书,据此可以看出,被告在作出行政处罚决定之前,未告知原告作出行政处罚决定的事实、理由、依据以及其享有的陈述和申辩权利,即被告未履行行政处罚事先告知程序,故该行政处罚违反法定程序,应当予以撤销。

案例 68 韩清林诉大连金普新区农业局行政处罚案[②]

【裁判要点】

行政机关在作出行政处罚决定之前,应当告知当事人作出行政处罚决定的事实、理由及依据,并告知当事人依法享有的权利。

调查终结,行政机关负责人应当对调查结果进行审查,确有应受行政处罚的

[①] 四川省资中县人民法院(2018)川 1025 行初 9 号行政判决书。

[②] 大连市甘井子区人民法院(2017)辽 0211 行初 42 号行政判决书、辽宁省大连市中级人民法院(2019)辽 02 行终 314 号行政判决书。

违法行为的,根据情节轻重及具体情况,作出行政处罚决定。对情节复杂或者重大违法行为给予较重的行政处罚,行政机关的负责人应当集体讨论决定。

【相关法条】

《中华人民共和国行政处罚法》第三十一条、第三十八条

【基本案情】

上诉人(原审原告):韩清林

上诉人(原审被告):大连金普新区农业局

2017年5月11日,被告接到中央环境保护督察金普新区工作领导小组移送的《中央第三环保督查组举报受理转办清单》,称在金普新区得胜街道东金村,东金村书记韩某毁坏南炮山山林,破坏生态环境。经初查,原告于2016年5、6月份在未经任何部门审批许可和未办理任何手续的情况下,擅自在东金村南炮山建设养殖棚,铺设水泥路面。2017年5月12日,被告立案。同日,被告对原告进行了先行告知及听证权利告知。2017年5月18日,经被告机关负责人审查决定,给予原告罚款32680元的行政处罚并限原告于2017年6月4日前恢复林地原状。2017年5月19日,被告作出了林业行政处罚决定书和责令限期恢复林地原状通知书,并于2017年6月29日将决定书和通知书送达给原告。原告对处罚决定不服,诉至法院。

【裁判结果】

一审确认被告的行政处罚决定违法。二审撤销一审判决,驳回上诉人韩清林的诉讼请求。

【案例评析】

一审法院认为,被诉行政行为认定事实的证据确凿充分,适用法律正确,量罚适当。但是被告的工作人员在机关负责人对调查结果审查和作出决定之前便对原告进行了先行告知,构成程序轻微违法。《中华人民共和国行政处罚法》第三十八条规定,调查终结,行政机关负责人应当对调查结果进行审查,根据不同情况,分别作出决定。该法第三十一条规定,行政机关在作出行政处罚决定之前,应当告知当事人作出行政处罚决定的事实、理由及依据,并告知当事人依法享有的权利。故,行政机关应当在机关负责人对调查结果进行审查后,对原告进行先行告知。本案中,被告是2017年5月12日对原告进行先行告知,被告的机关负责人是2017年5月18日对调查结果进行审查的,并于次日作出被诉行政处罚决定的。可见,被告的工作人员在机关负责人对调查结果审查之前便对原告进行了先行告知,已经构成程序轻微违法。

二审法院认为,被上诉人在机关负责人对调查结果进行审查之前对原告进行先行告知不构成程序轻微违法。依据《中华人民共和国行政处罚法》的规定,行政处罚应该经过立案、调查、先行告知和听证告知、负责人审查、作出处罚决定及送达等法定程序,其中先行前告知和机关负责人审查先后顺序虽然无明文法律规定,但依据《中华人民共和国行政处罚法》第三十一条"行政机关在作出行政处罚决定之前,应当告知当事人作出行政处罚决定的事实、理由及依据,并告知当

事人依法享有的权利"的规定，行政处罚先行告知是为给予行政相对人陈述、申辩以及申请听证的权利，以更充分地查清事实，该程序处于行政处罚的调查阶段；而依据《中华人民共和国行政处罚法》第三十八条"调查终结，行政机关负责人应当对调查结果进行审查，根据不同情况，分别作出如下决定……"的规定，行政负责人审查程序在调查终结之后。故本案被上诉人先行告知和听证告知后，报机关负责人审查作出处罚决定，不违反法律规定。

综上所述，从行政处罚步骤看，调查在先、审查在后；从条文顺序看，第三十一条在先、第三十八条在后。因此，先行告知和听证告知在先，行政机关负责人审核在后。

案例69　祝永芳诉黎城县林业局行政处罚案①
【裁判要点】
调查终结后，行政机关负责人才能对调查结果进行审查，根据不同情况，作出是否给予行政处罚的决定。
【相关法条】
《中华人民共和国行政处罚法》第三十八条
【基本案情】
原告：祝永芳

被告：黎城县林业局

2014年4月22日原告在陈村某地超出林木采伐许可证范围采伐杨树6株，被告经过调查，于2014年5月20日作出第6号林业行政处罚决定书，决定：责令补种滥伐5倍树木叁拾株（30株），并处林木价值3倍罚款叁仟零壹拾陆元整（3016元）。原告不服，于2014年9月3日向法院提起行政诉讼，请求判决撤销该行政处罚决定书。一审法院判决维持；二审法院认为被告2014年5月20日告知祝永芳在三日内有申请听证的权利，但当日即作出处罚决定，程序明显违法；还认为原告超伐到底是5株还是6株，被告提供的证据有矛盾，事实不清等，判决如下：(1)撤销一审判决；(2)撤销第6号林业行政处罚决定书；(3)责令被告重新作出具体行政行为。被告重新作出第12号林业行政处罚决定书，原告不服，再次提起行政诉讼。

经审查，林业行政处罚意见书载明，2014年4月22日上午，祝永芳在陈村某地超出林木采伐许可证范围滥伐树木6株。根据中院判决杨树沟1棵杨树证据不足，将杨树沟18厘米的杨树1棵立木蓄积量为0.153立方米除去，现合立木蓄积量6.5521立方米。承办机构意见根据《中华人民共和国森林法实施条例》第三十九条第二款之规定，拟给予如下行政处罚：(1)责令补种滥伐株数5倍树木，计25株；(2)并处林木价值3倍罚款，计2948元，执法人员及负责人落款时间为2015年5月20日。行政机关负责人签字，并注明同意，签字时间为2015年5月20日，并加盖黎城县林业局公章。2015年5月21日被告给原告送达了林业行

---

① 山西省襄垣县人民法院(2017)晋0423行初3号行政判决书。

政处罚听证权利告知书,送达回证注明原告拒绝签字并拒绝听证。2015年5月29日被告作出第12号林业行政处罚决定书,该处罚决定与2015年5月20号行政机关负责人签署的林业行政处罚意见一致。

【裁判结果】

(1)撤销被告作出的第12号林业行政处罚决定书;(2)责令被告重新作出行政行为。

【案例评析】

原告确有滥伐林木行为,但被告重新作出的第12号林业行政处罚决定书程序违法。

(1)被告在重新作出行政处罚前未告知当事人作出行政处罚决定的事实、理由及依据,也未告知当事人依法享有的权利,程序违法。

(2)《中华人民共和国行政处罚法》第三十八条第一款规定,"调查终结,行政机关负责人应当对调查结果进行审查,根据不同情况,分别作出如下决定……"在2015年5月21日送达听证通知书之日前一日即2015年5月20日行政机关负责人即审查同意作出处罚,被告没有送达听证通知书即审查同意作出行政处罚,虽被告作出行政处罚的落款时间为2015年5月29日,但该决定书是依据2015年5月20日行政机关负责人审核意见作出的,程序违法。

案例70 刘五安诉洛阳市林业局行政处罚案①

【裁判要点】

调查终结,行政机关负责人应当对调查结果进行审查,确有应受行政处罚的违法行为的,根据情节轻重及具体情况,作出行政处罚决定。对情节复杂或者重大违法行为给予较重的行政处罚,行政机关的负责人应当集体讨论决定。

【相关法条】

《林业行政处罚程序规定》第三十一条、第三十八条

【基本案情】

原告:刘五安

被告:洛阳市林业局

2015年6月,原告将承包地上的果树铲除,改建为沙场存放沙子。2017年5月11日,被告接到举报。被告认定原告在未办理林地征占用手续的情况下,擅自改变林地用途,将涉案的1366平方米林地平整后改建成沙场。2017年7月24日,林业行政执法人员填写《林业行政处罚意见书》,并送法制工作机构提出初步意见,再交由本行政主管部门负责人审查决定。2017年8月8日,被告向原告送达《行政处罚先行告知书》和《林业行政处罚听证权利告知书》,原告于当日签署自愿放弃陈述、申辩权和听证权的意见。2017年8月11日,被告作出001号处罚决定书,对其处以27320元的罚款,并限期恢复原状。原告请求法院撤销被告作出林业行政处罚决定书的行政行为。

---

① 洛阳铁路运输法院(2017)豫7102行初235号行政判决书。

【裁判结果】

撤销被告作出的《林业行政处罚决定书》。

【案例评析】

行政机关应当严格按照法定程序作出行政行为。《林业行政处罚程序规定》第三十一条规定，林业行政处罚案件经调查事实清楚、证据确凿的，应当填写《林业行政处罚意见书》，并连同《林业行政处罚登记表》和证据等有关材料，由林业行政执法人员送法制工作机构提出初步意见后，再交由本行政主管部门负责人审查决定。第三十八条规定，听证结束后，林业行政主管部门依照本规定第三十一条，作出决定。本案中，被告虽然向原告告知了听证权利，但在听证期限开始前就已经填写了处罚意见书，并报其法制部门和负责人审查作出了决定，违反了《林业行政处罚程序规定》第三十八条规定的处理程序。行政听证的目的在于查清事实、发现真相，给予当事人就重要事实陈述、申辩的机会，属于调查程序中的一部分，被告在未组织听证，即未对案件事实调查清楚的情况下，提前作出行政处罚决定，程序违法。

案例71 李尚财诉开鲁县林业局行政处罚案①

【裁判要点】

听证结束后，林业行政主管部门对事实清楚、证据确凿的案件，应当填写《林业行政处罚意见书》，并连同《林业行政处罚登记表》和证据等有关材料，由林业行政执法人员送法制工作机构提出初步意见后，再交由本行政主管部门负责人审查决定。情节复杂或者重大违法行为需要给予较重行政处罚的，林业行政主管部门的负责人应当集体讨论决定。

【相关法条】

《林业行政处罚程序规定》第三十一条、第三十八条

【基本案情】

原告：李尚财

被告：开鲁县林业局

被告于2016年8月16日以涉嫌擅自开垦林地为由对原告立案。被告依程序对案件进行了调查、询问、勘查、鉴定、调查取证，并向原告告知了陈述、申辩及听证权利，于2016年10月20日集体讨论决定，对李尚财处限2017年5月1日前将林地恢复原状，并处74770平方米，每平方米2元罚款，计149540元。被告于2016年11月17日组织了听证，于2016年11月24日作出林业行政处罚决定书，对原告处限2017年5月1日前将林地恢复原状，并处74770平方米，每平方米2元罚款，计149540元。

【裁判结果】

撤销被告作出的林业行政处罚决定书，由被告于判决生效之日起30日内重新作出行政行为。

---

① 内蒙古自治区扎鲁特旗人民法院(2017)内0526行初25号行政判决书。

【案例评析】

《林业行政处罚程序规定》第三十八条："听证结束后,林业行政主管部门依照本规定第三十一条,作出决定。"第三十一条："林业行政处罚案件经调查事实清楚、证据确凿的,应当填写《林业行政处罚意见书》,并连同《林业行政处罚登记表》和证据等有关材料,由林业行政执法人员送法制工作机构提出初步意见后,再交由本行政主管部门负责人审查决定。""情节复杂或者重大违法行为需要给予较重行政处罚的,林业行政主管部门的负责人应当集体讨论决定。"本案中,被告集体讨论决定在前,听证程序在后。被告作出的林业行政处罚决定书程序违法,依法应予撤销,被告依法应在法律规定期限内重新作出行政处罚。

案例72 杨斌武诉来凤县林业局行政处罚案①

【裁判要点】

被告在作出行政行为之后自行收集的证据不能作为行政行为合法的依据。

【相关法条】

《最高人民法院关于行政诉讼证据若干问题的规定》第六十条

【基本案情】

上诉人(原审原告):杨斌武

被上诉人(原审被告):来凤县林业局

2013年9月10日,原告在湖南省龙山县购买了一株楠木树蔸,委托他人运输,当晚22时许原告至来凤县九龙盘境内时被来凤县森林公安查获,之后因原告没有办理木材运输许可证被告将原告的树蔸扣押,根据《中华人民共和国森林法实施条例》第四十四条第一款之规定,被告于2013年9月12日作出林业行政处罚决定书,决定"没收其无证运输的楠木(树蔸)壹株"。2013年12月6日,被告委托恩施鑫森野生动植物司法鉴定所对原告的树蔸进行了鉴定,其结论为楠木类。原告提起行政诉讼,请求撤销被告作出的林业行政处罚决定书。

【裁判结果】

撤销来凤县林业局作出的林业行政处罚决定书。

【案例评析】

被告来凤县林业局提供的影响本案定案的直接证据是原告运输的树蔸属楠木类,是在林业行政处罚决定书作出后才委托鉴定部门进行鉴定的。故此应认定被告作出的林业行政处罚决定书主要证据不足,应予撤销。

【其他问题】

2020年7月1日实施的《中华人民共和国森林法》取消了木材运输行政许可制度,上述无证运输木材被行政处罚案例将成为历史。

---

① 湖北省来凤县人民法院(2014)鄂来凤行初字第00003号行政判决书、湖北省恩施土家族苗族自治州中级人民法院(2014)鄂恩施中行终字第00049号行政判决书。

三、办案时限

林业行政处罚案件自立案之日起,应当在一个月内办理完毕;经行政负责人批准可以延长,但不得超过三个月;特殊情况下三个月内不能办理完毕的,报经上级林业行政主管部门批准,可以延长。《国家林业局办公室关于延长林业处罚案件办理时限有关问题的复函》(办策字[2008]12号)规定,对于报经批准延长办理时间的林业行政处罚案件,应当把握以下方面:

(1)对于在一个月内不能办结的、需要延长办案时间的案件,必须经本行政机关行政负责人批准,并且延长时间不得超过两个月。

(2)对于经上级林业主管部门批准延长办案时间的案件,具体延长时间以上级林业行政主管部门批准的延长时间为准;上级林业行政主管部门批准时,没有明确具体延长时间的,延长时间不得超过三个月。

(3)在经上级林业主管部门批准的延长期满后,仍不能结案的,经本机关行政负责人批准同意,可以中止案件调查,封档留存,书面告知报案人、受害人,并应当同时报上级林业主管部门备案。待有新线索时,再重新启动调查程序。

中止案件调查的具体条件,由各地根据本地区实际情况规定。

案例73 张立国诉巴林左旗林业局行政处罚案[①]

【裁判要点】

林业行政处罚案件自立案之日起,应当在一个月内办理完毕;经行政负责人批准可以延长,但不得超过三个月;特殊情况下三个月内不能办理完毕的,报经上级林业行政主管部门批准,可以延长。

【相关法条】

《林业行政处罚程序规定》第三十四条

【基本案情】

上诉人(原审原告):张立国

被上诉人(原审被告):巴林左旗林业局

2016年9月21日,被告以原告擅自开垦林地为由立案。2016年10月20日,被告以"由于林业工程师出具的鉴定没有人签字,不能作为有效证据使用,呈请延长一个月结案"的事由,经审批延长办案期限一个月。2017年1月16日,对原告作出了行政处罚决定:(1)责令停止违法行为;(2)限2017年5月1日前恢复林地原状;(3)处非法开垦林地81.87亩×667平方米/亩×5元/平方米=273 036.45元的行政处罚,原告对该处罚决定不服,于2017年2月14日向法院提起行政诉讼,要求撤销行政处罚决定。

---

① 内蒙古自治区赤峰市中级人民法院(2017)内04行终217号行政判决书。

【裁判结果】

撤销巴林左旗林业局作出的《林业行政处罚决定》。

【案例评析】

被上诉人巴林左旗林业局办理上诉人张立国擅自开垦林地案件不属于当场作出行政处罚的案件，应当依据一般程序规定实施林业行政处罚。本案中，被上诉人巴林左旗林业局于2016年9月21日立案，2016年10月20日经审批延长办案期限一个月，2017年1月16日结案，案件中符合法律规定的期限为两个月，超出办案期限部分未经依法呈报审批。被上诉人巴林左旗林业局作出的《林业行政处罚决定》违反法定程序，依法应予撤销。原审法院认定被上诉人巴林左旗林业局办案程序合法，判决驳回原告张立国的诉讼请求适用法律错误，应予纠正。

第七章

送 达

行政处罚文书的送达方式,依照民事诉讼法的有关规定执行。民事诉讼法常用的送达方式包括直接送达、留置送达、邮寄送达和公告送达。

《自然资源部关于印发〈关于全面推行行政执法公示制度执法全过程记录制度重大执法决定法制审核制度的实施方案〉的通知》(自然资函[2019]341号)明确:在送达执行环节,应当记录送达情况和当事人履行行政执法决定情况。采取直接送达的,由送达人、受送达人或符合法定条件的签收人在送达回证上签章;采取邮寄送达的,留存邮寄回执;采取留置送达的,在送达回证上记录拒收理由和时间,由送达人和见证人签章;采取公告送达的,应当以文字或音像形式记录送达时间、内容和方式,留存书面公告。

一、送达方式

(一)直接送达

送达林业行政处罚文书,应当直接送交受送达人。受送达人是公民的,本人不在交他的同住成年家属签收;受送达人是法人或者其他组织的,应当由法人的法定代表人、其他组织的主要负责人或者该法人、组织负责收件的人签收;受送达人有代理人的,可以送交其代理人签收;受送达人已指定代收人的,送交代收人签收。受送达人的同住成年家属,法人或者其他组织的负责收件的人,委托代理人或者代收人在送达回证上签收的日期为送达日期。

案例74　郝东所诉涉县森林公安局行政处罚案[①]

【裁判要点】

当事人没有指定代收人,行政处罚决定书由他人代收,非本人签收,程序违法。

【相关法条】

《中华人民共和国行政处罚法》第四十条、《中华人民共和国民事诉讼法》第八十五条

[①] 河北省涉县人民法院行政判决书(2013)涉行初字第12号。

【基本案情】

原告：郝东所

被告：涉县森林公安局

2011年5月10日，被告接村民江某某报案称：康屋丙地里的400余株果木树被本村郝东所用挖掘机毁坏。被告于当日立案受理，进行调查取证。2012年10月10日，被告向原告送达了林业行政处罚听证权利告知书，根据原告的申请于2012年11月1日举行了听证会。2013年6月3日，被告作出林业行政处罚决定书，认定：郝东所于2011年3月在没有办理采伐许可证的情况下，在河南店镇南庄村康屋丙地用钩机挖了杏树、花椒树共计10余株，半截树桩和树疙瘩约100余个。对郝东所处以下行政处罚：（1）叁万叁仟元整罚款；（2）责令补种550株树木。2013年6月9日被告向原告送达处罚决定书时，由程某某代收。2013年9月3日，原告向法院提起行政诉讼，请求依法撤销被告作出的林业处罚决定书。

【裁判结果】

（1）撤销被告作出的林业行政处罚决定书；（2）限被告于判决生效之日起30日内重新作出具体行政行为。

【案例评析】

原告称该处罚决定书未送达原告，属程序错误。被告对向原告送达了林业行政处罚决定书负有举证责任，虽其提供的卷宗中送达回证记载由程某某代收，但不能证明程某某与原告关系且原告称其与程某某是认识关系未委托程某某代理此案，故被告不能证明已向原告郝东所送达了该处罚决定书，程序不合法。

如果替法人代收文书，必须由法人的法定代表人签署授权委托书，委托代收才合法。

案例75　甄生财诉湟源县农林牧和扶贫开发局行政处罚案[①]

【裁判要点】

行政处罚决定书应当在宣告后当场交付当事人；当事人不在场的，行政机关应当在七日内依照民事诉讼法的有关规定，将行政处罚决定书送达当事人。

送达行政处罚文书，应当直接送交受送达人。受送达人是公民的，本人不在交他的同住成年家属签收；受送达人有代理人的，可以送交其代理人签收；受送达人已向行政机关指定代收人的，送交代收人签收。

【相关法条】

《中华人民共和国行政处罚法》第四十条、《中华人民共和国民事诉讼法》第八十五条

【基本案情】

原告：甄生财

被告：湟源县农林牧和扶贫开发局

原告系采矿厂经营者，其自2010年到2016年在湟源县巴燕乡某林地进行违

---

① 青海省西宁市城西区人民法院(2018)青0104行初13号行政判决书。

法采矿。2017年6月6日被湟源县人民法院以非法占用农用地罪判处有期徒刑一年零六个月，缓刑两年，并处罚金100000元。2017年10月12日，湟源县人民检察院向被告作出《检察建议书》，要求被告认真履行法定监督管理职责，对原告破坏林地的违法行为予以处理，并建议责令限期治理恢复，采取有效措施使破坏的国家重点公益林生态环境得到修复。

2017年11月15日，被告向原告的父亲送达了《林业行政处罚先行告知书》和《林业行政处罚听证权利告知书》。2017年11月21日，被告作出《林业行政处罚决定书》对原告给予罚款395400元和限于2018年5月10日前恢复所破毁林木的《责令恢复通知书》。

2018年2月5日，被告以原告"未在《林业行政处罚决定书》送达回证上签字，并一直未缴纳处罚及恢复原状"为由向湟源县人民法院提出行政处罚强制执行申请，随即又于2018年3月27日撤回申请。为此，原告以尚未收到过该处罚决定书，被告的行为剥夺了原告申请听证和提出行政复议的权利为由，向法院提起行政诉讼。

【裁判结果】

撤销被告作出的林业行政处罚决定书。

【案例评析】

本案被告向原告进行送达《林业行政处罚先行告知书》《林业行政处罚听证权利告知书》和《林业行政处罚决定书》时，未找到原告，向原告父亲进行送达，是否合法？从送达方式来看，《中华人民共和国民事诉讼法》第八十五条规定，送达诉讼文书，应当直接送交受送达人。受送达人是公民的，本人不在交他的同住成年家属签收。这里的成年家属前有限定词"同住"。本案原告说未与其父长期共同居住，且送达回证签写时间处的签字也非其父签写，不符合直接送达的要求。因此，被告虽履行了送达义务，但并未向原告本人送达，也无相关留置送达的有效证据，其作出行政处罚决定的程序违反法律规定，进而影响了原告的申辩、陈述及要求听证的权利，故该行政处罚决定应予撤销。

(二) 留置送达

受送达人或者他的同住成年家属拒绝接收诉讼文书的，送达人可以邀请有关基层组织或者所在单位的代表到场，说明情况，在送达回证上记明拒收事由和日期，由送达人、见证人签名或者盖章，把行政处罚文书留在受送达人的住所；也可以把行政处罚文书留在受送达人的住所，并采用拍照、录像等方式记录送达过程，即视为送达。有关基层组织和所在单位的代表，可以是受送达人住所地的居民委员会、村民委员会的工作人员以及受送达人所在单位的工作人员。对留置送达和公告送达等容易引发争议的行政执法过程，要根据实际情况进行音像记录。

案例76　海口宇霖养殖专业合作社诉海口市林业局行政处罚案①

【裁判要点】

没有送达人及见证人的签名,视为没有提供留置送达的证据。

【相关法条】

《中华人民共和国行政处罚法》第四十条、《中华人民共和国民事诉讼法》第八十六条

【基本案情】

上诉人(原审原告):海口宇霖养殖专业合作社

被上诉人(原审被告):海口市林业局

2014年3月3日,被告对原告承包的面积为27.38亩的土地进行现场勘验。2014年9月3日被告向原告下达《关于停止违法行为并自行拆除违法建筑的通知》,认为原告从投资建设至今,未向林业行政主管部门申请办理征占用林地手续,涉嫌违法占用林地3.04亩。2014年10月8日,被告作出第24号告知笔录,2014年10月16日,被告作出第24号决定书,决定给予海口宇霖养殖专业合作社处罚人民币30401元,并责令限期恢复原状。海口宇霖养殖专业合作社不服,遂提起行政诉讼。

【裁判结果】

撤销被告作出的第24号《林业行政处罚决定书》。

【案例评析】

被告认为原告非法占用林地3.04亩,于2014年10月8日作出第24号告知笔录,该笔录中注明在送达原告时,原告拒绝签收,留置送达。但被告没有提供留置送达的证据,首先告知书上没有合作社相关人员的签字,也没有邀请基层组织工作人员到场见证并签名盖章。且被告提供的送达第24号告知笔录的照片与送达第24号决定书的照片为同一张,送达时间均为2014年10月16日。根据《中华人民共和国行政处罚法》第三十一条"行政机关在作出行政处罚决定之前,应当告知当事人作出行政处罚决定的事实、理由及依据,并告知当事人依法享有的权利"之规定。本案被告在作出行政处罚前,没有证据证明已告知原告作出行政处罚决定的事实、理由、依据和依法享有的权利,故被告作出的第24号处罚决定书程序违法,依法应予撤销。

案例77　在于冰诉凤城市林业局行政处罚案②

【裁判要点】

受送达人或者他的同住成年家属拒绝接收诉讼文书的,送达人可以邀请有关基层组织或者所在单位的代表到场,说明情况,在送达回证上记明拒收事由和日期,由送达人、见证人签名或者盖章,把行政处罚文书留在受送达人的住所;也可以把行政处罚文书留在受送达人的住所,并采用拍照、录像等方式记录送达过程,即视为送达。

---

① 海南省海口市中级人民法院行政判决书(2015)海中法行终字第42号。
② 辽宁省丹东市中级人民法院(2014)丹行终字第00043号行政判决书。

【相关法条】

《中华人民共和国民事诉讼法》第八十六条

【基本案情】

上诉人(原审原告):于冰

上诉人(原审第三人):于兆国

被上诉人(原审被告):凤城市林业局

2010年5月原告于冰欲养殖肉鸡需要筹建鸡棚时,便找到其伯父于兆国,经于兆国同意后,原告在其林地内新建养鸡大棚及生活附属设施,共占用林地面积为1.5亩。2013年3月林业局接到群众举报后,开始立案调查和现场勘验。2013年4月15日,被告向原告送达了林业行政处罚先行告知书和林业行政处罚听证权利告知书。2013年4月19日,被告作出林业行政处罚决定:(1)责令限期恢复原状;(2)罚款人民币9990.00元。原告提出,没有收到被告送达的法律文书。被告制作的《送达回证》上签名的见证人王长林、倪成才均为被告所属单位蓝旗林业站的工作人员,由他们作为见证人签字证明原告"拒绝签字",不符合关于见证人应当具有基层组织或其所在单位的代表的法律规定而违法。原告不服,向法院提起行政诉讼。

【裁判结果】

驳回原告的诉讼请求。

【案例评析】

《中华人民共和国民事诉讼法》第八十六条留置送达方式表明,也可以把诉讼文书留在受送达人的住所,并采用拍照、录像等方式记录送达过程,即视为送达。本案在送达上述法律文书时,由被告单位工作人员王毓凯、王吉、邢宝诚和其下属单位蓝旗林业站工作人员王长林、倪成才等一行五人亲自送达到原告,但原告拒绝在送达回证上签名和捺印。被告单位的工作人员并当场进行了录像并刻制了光盘一碟,该录像在庭审中进行了播放,确认上述文书已经送达。

《国务院办公厅关于全面推行行政执法公示制度执法全过程记录制度重大执法决定法制审核制度的指导意见》(国办发〔2018〕118号)指出:对现场执法、调查取证、举行听证、留置送达和公告送达等容易引发争议的行政执法过程,要根据实际情况进行音像记录。

(三)邮寄送达

直接送达林业行政处罚文书有困难的,可以交由国家邮政机构(以下简称邮政机构)邮寄送达。但有下列情形之一的除外:(1)当事人或者其代理人、当事人指定的代收人同意在指定的期间内到行政机关接受送达的;(2)当事人下落不明的。当事人陈述和申辩时应当向行政机关提供或者确认自己准确的送达地址,并填写送达地址确认书。送达地址确认书的内容应当包括送达地址的邮政编码、详细地址以及当事人的联系电话等内容。当事人拒绝提供的,行政机关应当告知其拒不提供送达地址的不利后果,并记入笔录。当事人变更送达地址的,应当及时以书面方式告知行政机关。

邮寄送达的，以回执上注明的收件日期为送达日期。当事人指定代收人的，指定代收人的签收视为当事人本人签收。当事人及其代收人应当在邮件回执上签名、盖章或者捺印。当事人及其代收人在签收时应当出示其有效身份证件并在回执上填写该证件的号码；当事人及其代收人拒绝签收的，由邮政机构的投递员记明情况后将邮件退回行政机关。邮政机构在当事人提供或确认的送达地址未能见到当事人的，可以将邮件交给与当事人同住的成年家属代收。

案例 78　邓文兵诉始兴县林业局行政处罚案①

【裁判要点】

直接送达行政处罚文书有困难的，可以邮寄送达。邮寄送达的，以回执上注明的收件日期为送达日期。

【相关法条】

《中华人民共和国民事诉讼法》第八十八条

【基本案情】

原告：邓文兵

被告：始兴县林业局

被告认定原告未经批准擅自在森林防火区内野外用火，违反了《森林防火条例》第二十五条的规定，已构成违法。依据《森林防火条例》第五十条的规定，对原告拟处以500元罚款、责令停止违法行为并给予警告的行政处罚。

由于原告不配合，被告无法将《林业行政处罚先行告知书》直接送达原告，被告遂于2015年2月4日采用邮寄送达方式，将《林业行政处罚先行告知书》邮寄送达至始兴县煌官假日酒店，同时分别在始兴县某小区24栋(原告的住所地)楼梯口处、始兴县某镇28号(原告的户籍所在地)、始兴县某镇某居委会(原告住所所在的居委会)、始兴县煌官假日酒店张贴公告，公告内容为："……对上述告知事项，邓文兵有提出陈述和申辩的权利。始兴县林业局根据行政处罚先行告知的有关规定，采取公告方式予以告知，自公告之日起七日内如邓文兵未提出申辩，林业局将依法对邓文兵作出行政处罚。"2015年2月12日被告作出《林业行政处罚决定书》，对原告邓文兵处以罚款500元及警告的行政处罚。由于被告无法将林业行政处罚决定书直接送达原告，被告遂委托太平镇城东居委会干部将行政处罚决定书转送给了原告的胞弟邓某才。2015年2月13日，被告又在太平镇司法所干部和太平镇城东居委会干部的见证下将行政处罚决定书留置送达在原告家中。原告获悉被告作出被诉具体行政行为后，即向法院提起行政诉讼，请求撤销被告作出的《林业行政处罚决定书》。

【裁判结果】

撤销被告作出的《林业行政处罚决定书》。

【案例评析】

被告广东省始兴县林业局作出的《林业行政处罚决定书》程序违法。本案中，

---

① 广东省始兴县人民法院(2015)韶始法行初字第9号行政判决书。

被告虽然在作出行政处罚决定之前于 2015 年 2 月 4 日通过邮寄方式将行政处罚先行告知书邮寄至始兴县煌宫假日酒店，及采取公告送达形式在城东居委会、煌宫酒店、原告户籍所在地、原告住处楼梯口张贴公告，但根据原告提供的企业机读档案登记资料显示，始兴县煌宫假日酒店为个人独资企业，投资人为黄燕华，被告未提供证据证明煌宫假日酒店是原告的户籍所在地或经常居住地，也未提供证据证明原告是煌宫假日酒店的员工，或是经营者，原告对挂号信回执上的签名也不认可。因此，不符合法律规定的邮寄送达方式；至于公告送达，《中华人民共和国民事诉讼法》第九十二条规定："受送达人下落不明，或者用本节规定的其他方式无法送达的，公告送达。自发出公告之日起，经过六十日，即视为送达。"被告于 2015 年 2 月 4 日在城东居委会、煌宫酒店、原告户籍所在地、原告住处楼梯口张贴公告向原告送达行政处罚先行告知书，但在 2015 年 2 月 12 日即作出行政处罚决定，违反了上述"自发出公告之日起，经过六十日，即视为送达。"的规定，应视为没有送达。因此，被告在对原告作出行政处罚决定之前，未依法履行告知的义务，违反法定程序，原告请求撤销被告作出的被诉具体行政行为的理由成立。

（四）公告送达

受送达人下落不明，或者用上述其他方式（直接、留置、邮寄）无法送达的，公告送达。自发出公告之日起，经过六十日，即视为送达。公告送达，应当在案卷中记明原因和经过。

在案例 78 中，林业局还采用了公告送达方式，于 2015 年 2 月 4 日在城东居委会、煌宫酒店、邓文兵户籍所在地、住处楼梯口张贴公告向邓文兵送达行政处罚先行告知书，但在 2015 年 2 月 12 日即作出行政处罚决定，违反了《中华人民共和国民事诉讼法》第九十二条"自发出公告之日起，经过六十日，即视为送达"的规定，应视为没有送达。

二、送达程序的注意事项

（一）送达期限

林业行政处罚文书有送达期限要求。林业行政处罚决定书应当在宣告后当场交付当事人；当事人不在场的，应当在 7 日内依照民事诉讼法的有关规定，将行政处罚决定书送达当事人。

案例 79　李克文诉武乡县林业局行政处罚案[①]
【裁判要点】

行政处罚决定书应当在宣告后当场交付当事人；当事人不在场的，行政机关应当在七日内依照民事诉讼法的有关规定，将行政处罚决定书送达当事人。

---

① 山西省襄垣县人民法院(2016)晋 0423 行初 11 号行政判决书。

【相关法条】

《中华人民共和国行政处罚法》第四十条

【基本案情】

原告：李克文

被告：武乡县林业局

2015年12月25日，被告向原告送达了林业行政处罚先行告知书，告知其拟作出行政处罚的事实、理由、依据，以及享有陈述、申辩权，原告签收。2016年1月21日，被告作出《林业行政处罚决定书》，载明：（1）责令停止违法行为；（2）补种毁坏株数（刺槐树）1倍的树木（补种均为刺槐树苗），共计160株。2016年3月17日，被告将《林业行政处罚决定书》邮寄送达原告。原告不服该决定，遂提起行政诉讼。

【裁判结果】

（1）撤销被告作出的《林业行政处罚决定书》；（2）责令被告重新作出行政行为。

【案例评析】

《中华人民共和国行政处罚法》第四十条规定："行政处罚决定书应当在宣告后当场交付当事人；当事人不在场的，行政机关应当在7日内依照民事诉讼法的有关规定，将行政处罚决定书送达当事人。《林业行政处罚程序规定》第三十九条规定："《林业行政处罚决定书》应当及时送达被处罚人，并由被处罚人在《林业行政处罚送达回证》上签名或者盖章。被处罚人不在本地的，可以委托被处罚人所在地的林业行政主管部门代为送达，也可以挂号邮寄送达。"被告于2016年1月21日作出林业行政处罚决定书后，于2016年3月17日才向原告邮寄送达，被告的处罚决定书送达的期限超过了法定期限，属程序违法。

案例80 尤福钧诉宣威市森林公安局行政处罚案①

【裁判要点】

行政处罚决定书应当在宣告后当场交付当事人；当事人不在场的，行政机关应当在七日内依照民事诉讼法的有关规定，将行政处罚决定书送达当事人。

【相关法条】

《中华人民共和国行政处罚法》第四十条

【基本案情】

原告：尤福钧

被告：宣威市森林公安局

2016年3月19日15时11分，原告在宣威市某乡白药村村委会孔家地山场烧地埂过程中，因用火不慎引发森林火灾，经鉴定过火有林地面积13.15亩。事发后，经人报案，被告立案，在履行了现场勘查、调查取证、相关证人指认现场及告知听证等程序后，认定原告的行为违反了《云南省森林防火条例》第十九条

---

① 云南省曲靖市麒麟区人民法院（2017）云0302行初11号行政判决书。

的规定，根据《云南省森林防火条例》第四十七条第一款第（二）项的规定，于2016年6月17日作出林业行政处罚决定书，责令尤福钧于2016年12月30日前完成更新造林，对尤福钧处2000元罚款。作出该处罚决定后，被告于2016年10月25日通过邮寄方式将该处罚决定书及催告书一并寄给原告。原告对该行政处罚决定不服，向法院提起行政诉讼。

【裁判结果】

撤销被告作出的林业行政处罚决定书，判令被告自判决生效后30日内重新作出行政行为。

【案例评析】

本案被告在作出行政处罚前，虽然将鉴定意见、作出行政处罚决定的事实、理由、依据及听证权利告知了原告，但并未告知原告享有陈述和申辩的权利，也未听取原告的陈述和申辩，且作出行政处罚决定后并未在七日内将行政处罚决定书送达给原告，而是在作出行政处罚决定书四个月之后才向原告送达，其行为违反了《中华人民共和国行政处罚法》第四十条的规定，因其行政处罚决定送达程序违法，应依法予以撤销，并判令被告重新作出行政行为。

案例81　万宁湾公司诉万宁市林业局行政处罚案①

【裁判要点】

行政处罚决定书应当在宣告后当场交付当事人；当事人不在场的，行政机关应当在七日内依照民事诉讼法的有关规定，将行政处罚决定书送达当事人。

林业行政处罚案件自立案之日起，应当在一个月内办理完毕；经行政负责人批准可以延长，但不得超过三个月；特殊情况下三个月内不能办理完毕的，报经上级林业行政主管部门批准，可以延长。

【相关法条】

《中华人民共和国行政处罚法》第四十条、《林业行政处罚程序规定》第三十四条

【基本案情】

原告（二审被上诉人）：海南万宁湾旅游开发有限公司（简称万宁湾公司）

被告（二审上诉人）：万宁市林业局

2017年6月25日，被告对原告涉嫌未经审核同意擅自改变林地用途的行为立案调查，2017年7月16日，被告通过微信向原告总经理陈峻艳送达《处罚告知书》。被告经调查取证后，于2017年7月19日作出52号《处罚决定书》，认定原告在未办理相关林业手续的情况下，在某自然保护区内建设极限运动产权式度假酒店，其行为违反了《中华人民共和国森林法》第十八条之规定，属擅自改变林地用途。依据《海南经济特区林地管理条例》第三十八条作出责令限期一个月恢复原状和罚款的行政处罚。2017年8月9日，原告总经理陈峻艳被通知到万宁

---

① 海南省万宁市人民法院(2018)琼9006行初4号行政判决书、海南省第一中级人民法院(2018)琼96行终169号行政判决书。

市森林公安局签领《处罚告知书》和 52 号《处罚决定书》，陈峻艳当场拒绝签收。原告对该行政处罚决定不服，向法院提起行政诉讼，请求撤销被告作出的 52 号《处罚决定书》。

【裁判结果】

撤销被告作出的 52 号《林业行政处罚决定书》。

【案例评析】

被告作出的行政行为程序存在瑕疵和违法。被告作出 52 号《行政处罚决定书》前，经过调查询问、现场勘验、告知等程序，被告将未盖章的处罚告知书通过微信方式告知原告，程序上存在瑕疵，但也可以算尽到告知义务。根据《中华人民共和国行政处罚法》第四十条规定"……行政机关应当在七日内依照民事诉讼法的有关规定，将行政处罚决定书送达当事人"。被告于 2017 年 7 月 19 日作出 52 号《行政处罚决定书》后，于 2017 年 8 月 9 日才向原告送达，送达的期限超过了法定期限，属程序违法。《林业行政处罚程序规定》第三十四条规定："林业行政处罚案件自立案之日起，应当在一个月内办理完毕"。被告于 2017 年 6 月 25 日立案，至 2017 年 8 月 9 日才办理完毕，办理案件的期限同样超过了法定期限，违反法定程序。

(二) 法定送达方式的顺序

在案例 78 邓文兵诉始兴县林业局林业行政处罚案中，林业局采用了邮寄送达和公告送达两种方式，因不符合法律规定的送达方式，这两种方式均未有效送达。《中华人民共和国民事诉讼法》规定了直接送达、留置送达、邮寄送达以及公告送达等多种送达方式。这几种送达方式要灵活掌握，何种情况采取何种送达方式要视具体情况而定。直接送达是基本的、一般的送达方式，留置送达和公告送达是特殊的、强制性的送达方式，而邮寄送达则属于直接送达的一种特殊和变通形式。《中华人民共和国民事诉讼法》第八十八条规定，直接送达诉讼文书有困难的，可以邮寄送达。现实中，一些当事人的住所地距离林业行政机关路途遥远、交通不便，执法人员和车辆有限，直接送达确有困难，并且当事人明确表示愿意接受邮寄送达并承诺会主动履行处罚决定，在此情况下，执法人员就可以采取邮寄送达方式将林业行政处罚决定书送达给当事人。邮寄送达应通过中国邮政而不要通过快递公司进行。邮寄送达的，以回执上注明的收件日期为送达日期。

上述几种送达方式在逻辑上存在递进关系。《中华人民共和国民事诉讼法》第九十二条规定，受送达人下落不明，或者用其他方式无法送达的，公告送达。自发出公告之日起，经过六十日，即视为送达。公告送达"慢"，只有在直接送达、留置送达、邮寄送达都无法送达时，才能适用公告送达。这样一来，公告送达的时间就很慢了。公告送达，应当在案卷中记明原因和经过。

第八章

执 行

一、罚缴分离

作出罚款的机关与收缴罚款的机构相分离是《中华人民共和国行政处罚法》确立的一项重要原则。收缴罚款分为一般情形与特殊情形：

（一）一般情形：罚缴分离

除依法可以当场收缴的罚款外，作出林业行政处罚决定的林业行政主管部门及其执法人员不得自行收缴罚款。当事人应当自收到林业行政处罚决定书之日起十五日内，到指定的银行缴纳罚款。

（二）特殊情形：当场收缴

当场收缴罚款的情形：（1）部分当场作出的处罚决定可以当场收缴罚款。对公民处以五十元以下、对法人或者其他组织处以一千元以下罚款或者警告的行政处罚的，可以当场作出林业行政处罚决定。当场作出的处罚决定，并不必然当场收缴罚款，只有依法给予二十元以下的罚款或者不当场收缴事后难以执行的，执法人员可以当场收缴罚款。（2）在边远、水上、交通不便地区，林业行政主管部门及其执法人员作出罚款决定后，当事人向指定的银行缴纳罚款确有困难，经当事人提出，林业行政主管部门及其执法人员可以当场收缴罚款。林业行政主管部门及其执法人员当场收缴罚款的，必须向当事人出具省、自治区、直辖市财政部门统一制发的罚款收据；不出具财政部门统一制发的罚款收据的，当事人有权拒绝缴纳罚款。执法人员当场收缴的罚款，应当自收缴罚款之日起两日内，交至林业行政主管部门；在水上当场收缴的罚款，应当自抵岸之日起两日内交至林业行政主管部门；林业行政主管部门应当在两日内将罚款缴付指定的银行。

案例 82　张清江诉伊通满族自治县林业局行政处罚案①

【裁判要点】

除依法当场收缴的罚款外，作出林业行政处罚决定的林业行政主管部门及其执法人员不得自行收缴罚款。当事人应当自收到林业行政处罚决定书之日起十五日内，到指定的银行缴纳罚款。

【相关法条】

《中华人民共和国行政处罚法》第四十六条、《林业行政处罚程序规定》第四十条

【基本案情】

原告：张清江

被告：伊通满族自治县林业局

2018年4月2日，原告在自己的退耕还林地内，未经县级林业主管部门批准，采挖经济林木山丁子树木16棵，被告对其罚款4800元，原告于当日将罚款交至被告单位。2018年4月6日被告作出行政处罚决定：责令原告补种滥伐林木株数5倍的树木；处以滥伐林木价值3倍的罚款，即4800元。2018年5月4日，被告为原告出具罚款收据。原告不服，向法院提起诉讼。

【裁判结果】

撤销被告作出的行政处罚决定书。

【案例评析】

本案被告在作出行政处罚时，有以下程序违法行为：作出行政处罚决定的行政主管部门及其执法人员不得自行收缴罚款，应到指定的银行缴纳罚款。本案被告对原告的行政处罚款没有实现罚缴分离。本案原告提供的证据能够形成证据链条，佐证被告于2018年4月2日对原告罚款4800元，被告于2018年4月6日才作出处罚决定。被告作出的行政处罚违反了法定程序，应当予以撤销。

二、申请法院强制执行

（一）申请期限

行政机关申请法院强制执行的期限参见表8-1。

表8-1　申请期限

《中华人民共和国行政强制法》第五十三条	《最高人民法院关于适用<中华人民共和国行政诉讼法>的解释》 第一百五十六条
当事人在法定期限内不申请行政复议或者提起行政诉讼，又不履行行政决定的，没有行政强制执行权的行政机关可以自期限届满之日起三个月内，依照本章规定申请人民法院强制执行。	没有强制执行权的行政机关申请人民法院强制执行其行政行为，应当自被执行人的法定起诉期限届满之日起三个月内提出。逾期申请的，除有正当理由外，人民法院不予受理。

---

① 吉林省伊通满族自治县人民法院(2018)吉0323行初19号行政判决书。

(续)

《中华人民共和国行政强制法》第五十三条	《最高人民法院关于适用<中华人民共和国行政诉讼法>的解释》 第一百五十六条
《中华人民共和国行政复议法》第九条 公民、法人或者其他组织认为具体行政行为侵犯其合法权益的，可以自知道该具体行政行为之日起六十日内提出行政复议申请；但是法律规定的申请期限超过六十日的除外。	
《中华人民共和国行政诉讼法》第四十六条 公民、法人或者其他组织直接向人民法院提起诉讼的，应当自知道或者应当知道作出行政行为之日起六个月内提出。法律另有规定的除外。	

案例 83　樟树市森林公安局申请执行卢某某不履行行政处罚决定案①

【裁判要点】

没有强制执行权的行政机关申请人民法院强制执行其行政行为，应当自被执行人的法定起诉期限届满之日起三个月内提出

【相关法条】

《中华人民共和国行政强制法》第五十三条、《最高人民法院关于适用<中华人民共和国行政诉讼法>的解释》第一百五十六条

【基本案情】

申请执行人：樟树市森林公安局

被执行人：卢某某

申请执行人于 2018 年 1 月 1 日接警，查获卢某某在未到相关部门办理开垦林地手续情况下，擅自将村小组分到自家经营管理的"合上"山场上的树全部砍掉，将山场重新翻了一遍，种上了油茶树，致使"合上"山场林地遭到破坏。经聘请的樟树市林业局工程师检测，卢某某擅自开垦林地面积为 0.9917 公顷。2018 年 2 月 7 日，申请执行人作出《林业行政处罚决定书》：(1)责令被执行人在 2018 年 10 月之前将毁坏的林地恢复原状；(2)对被执行人罚款 40000 元。被执行人于 2018 年 3 月 7 日缴纳罚款 10000 元，在法定期限内未申请行政复议或者提起行政诉讼。申请执行人于 2019 年 12 月 23 日向法院申请强制执行《林业行政处罚决定书》。

【裁判结果】

不准予强制执行申请执行人作出的《林业行政处罚决定书》。

【案例评析】

申请执行人于 2018 年 2 月 7 日作出《林业行政处罚决定书》，被执行人的法定起诉期限于 2018 年 8 月 7 日届满，申请执行人应当于 2018 年 11 月 7 日向法院申请强制执行。但是，申请执行人于 2019 年 12 月 23 日向人民法院申请强制执行，已经超出法律规定的期限。

---

① 江西省樟树市人民法院(2019)赣 0982 行审 16 号行政裁定书。

案例 84　辽源市林业局申请执行颐福尊长园不履行行政处罚决定案①

【裁判要点】

没有强制执行权的行政机关申请人民法院强制执行其行政行为，应当自被执行人的法定起诉期限届满之日起三个月内提出。行政行为有履行期限的，从履行期限届满之日起计算三个月。

【相关法条】

《中华人民共和国行政强制法》第五十三条、《最高人民法院关于适用<中华人民共和国行政诉讼法>的解释》第一百五十六条

【基本案情】

复议申请人(原申请执行人)：辽源市林业局

复议被申请人(原被执行人)：辽源市龙山区颐福尊长园

复议申请人于2017年10月17日对被申请人作出《林业行政处罚决定书》，认定被申请人2016年6月至2017年8月未经林业主管部门批准，在颐福尊长园后山施工(修建护坡，破坏林地植被)并将废石料堆放在林地内。违反了《中华人民共和国森林法》的相关规定，对被申请人作出行政处罚。因处罚决定中的第一项：限2018年6月1日前恢复林地原状，被申请人未在限期内恢复，申请人于2018年8月22日向一审法院申请执行，申请事项：限期恢复林地原状。

一审法院认为，根据《中华人民共和国行政强制法》第五十三条的规定，申请执行人于2017年10月17日已制作并送达行政处罚决定书，申请人应当在2018年7月17日前向法院申请强制执行，但申请执行人于2018年8月22日才递交申请书，已超过了自法定期限届满后三个月内申请的规定。裁定对申请执行人的强制执行申请不予受理。复议申请人不服该裁定，向二审法院提出复议申请，请求撤销一审法院的行政裁定。

【裁判结果】

撤销一审法院行政裁定，由一审法院立案受理。

【案例评析】

一审法院以申请人超出法定期限届满后三个月内申请强制执行为由不予受理属期限计算错误。申请人作出的行政处罚决定中处罚第一项"限2018年6月1日前恢复林地原状"属于行政决定的一部分，应以2018年6月1日作为期限届满之日。申请人申请强制执行并未超出三个月期限。

(二) 不予执行

人民法院对行政机关强制执行的申请依法进行书面审查，除《中华人民共和国行政强制法》第五十八条规定的情形外，人民法院应当自受理之日起七日内作出执行裁定(参见表8-2)。

---

① 吉林省辽源市中级人民法院(2018)吉04行审复2号行政裁定书、吉林省辽源市龙山区人民法院(2018)吉0402行审63号行政裁定书。

表 8-2　不准予强制执行的情形

《中华人民共和国行政强制法》第五十八条	《最高人民法院关于适用<中华人民共和国行政诉讼法>的解释》第一百六十一条
人民法院发现有下列情形之一的，在作出裁定前可以听取被执行人和行政机关的意见： （一）明显缺乏事实根据的； （二）明显缺乏法律、法规依据的； （三）其他明显违法并损害被执行人合法权益的。	被申请执行的行政行为有下列情形之一的，人民法院应当裁定不准予执行： （一）实施主体不具有行政主体资格的； （二）明显缺乏事实根据的； （三）明显缺乏法律、法规依据的； （四）其他明显违法并损害被执行人合法权益的情形。

案例85　文昌市林业局申请执行帮明建设集团有限公司不履行行政处罚决定案①

【裁判要点】

行政处罚明显缺乏事实根据的，人民法院应当裁定不准予执行。

【相关法条】

《中华人民共和国行政强制法》第五十八条、《最高人民法院关于适用<中华人民共和国行政诉讼法>的解释》第一百六十一条

【基本案情】

申请执行人：文昌市林业局

被执行人：四川帮明建设集团有限公司

被执行人在文昌市某某镇非法占用林地建项目部的行为，违反了《海南经济特区林地管理条例》第十五条、第二十条之规定。申请执行人于2019年1月16日对被执行人立案查处，于2019年3月22日处罚决定：(1)责令30天内自行拆除非法占用林地518平方米范围内所有建筑与设施，恢复原貌；(2)处非法改变林地用途每平方米50元，共计25900元的罚款。2019年11月15日，申请执行人向被执行人送达《履行林业行政处罚决定催告书》，催告其履行法定义务。在法定履行期限届满后，被执行人仍未履行该处罚决定所确定的第一项义务。申请法院强制执行上述处罚决定的内容。

【裁判结果】

不准予强制执行《林业行政处罚决定书》。

【案例评析】

根据《土地勘测定界报告书》，被执行人建造项目部所使用的土地在《文昌市林地保护利用规划(2010—2020年)》中涉及林地253.16平方米，在海南省人民政府2018年12月1日通过的《文昌市总体规划(空间类2015—2030)》中涉及林地518平方米。因被执行人是在2018年7月份建造项目部，《文昌市总体规划(空间类2015—2030)》对被执行人不具有溯及力。因此申请执行人认定被执行人建造项目部

---

① 海南省文昌市人民法院(2019)琼9005行审213号行政裁定书。

占用林地面积的事实认定有误。另外，被执行人租赁文昌市文城镇后港村村民委员会后港三村小组的土地上原有海南路桥工程有限公司建设其他项目时留下的部分板房，该板房并非被执行人所有。虽然被执行人有扩建部分，但申请执行人在办案时未查明该土地上板房的权属就对被执行人进行处罚明显缺乏事实根据。

案例86　敖汉旗林业和草原局申请执行许某不履行行政处罚决定案①

【裁判要点】

行政处罚明显缺乏事实根据、明显缺乏法律、法规依据的，人民法院应当裁定不准予执行。

【相关法条】

《中华人民共和国行政强制法》第五十八条、《最高人民法院关于适用<中华人民共和国行政诉讼法>的解释》第一百六十一条

【基本案情】

申请执行人：敖汉旗林业和草原局

被执行人：许某

申请执行人于2019年4月9日作出林业行政处罚决定书，查明：2018年春，许某将玛尼罕乡五十家子村南洼林地耕种农作物——绿豆，毁林种地林种为一般用材林，树种为杨树，占用林地面积3933平方米（5.9亩）。未办理林地征占手续，其行为构成擅自改变林地用途。其行为违反了《中华人民共和国森林法》第十八条的规定。依据《中华人民共和国森林法实施条例》第四十三条第一款的规定，对许某作出：(1)恢复原状；(2)擅自改变林地用途罚款人民币玖万捌仟叁佰贰拾伍元(98325元)的处罚。申请执行人将处罚决定书送达后，被执行人在法定期限内未申请行政复议，亦未提起行政诉讼。经催告履行义务后被执行人未主动履行。申请执行人向法院申请强制执行事项：(1)恢复原状；(2)擅自改变林地用途罚款人民币玖万捌仟叁佰贰拾伍元，98325元。

【裁判结果】

不准予强制执行《林业行政处罚决定书》中处罚的事项。

【案例评析】

本案被执行人违法事实系在林地内耕种农作物。《中华人民共和国森林法》第十八条规定："进行勘查、开采矿藏和各项建设工程，应当不占或者少占林地……"但本案中申请执行人依据的违法事实明显与其认定被执行人许某的违法事实不符，所作出的行政处罚决定明显缺乏事实根据，明显缺乏法律、法规依据，应裁定不准予强制执行。

案例87　芜湖县林业局申请执行胡小妹不履行行政处罚决定案②

【裁判要点】

行政处罚明显缺乏法律、法规依据的，人民法院应当裁定不准予执行。

---

① 敖汉旗人民法院(2019)内0430行审66号行政裁定书。
② 安徽省芜湖县人民法院(2019)皖0221行审15号行政裁定书。

【相关法条】

《中华人民共和国行政强制法》第五十八条、《最高人民法院关于适用<中华人民共和国行政诉讼法>的解释》第一百六十一条

【基本案情】

申请执行人：芜湖县林业局

被执行人：胡小妹

申请执行人以被执行人未经批准砍伐了位于红杨镇珩琅山村沿河自然村石壁山泡桐树219棵，违反《中华人民共和国森林法》第三十二条第一款的规定，构成违法，依据《中华人民共和国森林法实施条例》第三十九条第二款的规定，责令胡小妹补种树木1095棵，并处罚款30000元。申请执行人于2019年9月19日向法院申请强制执行林业行政处罚决定书。

经法院审查，申请执行人作出的林业行政处罚决定书载明：如对本处罚决定不服，可自接到本决定书之日起六十日内，申请行政复议，也可三个月内直接向芜湖县人民法院提起行政诉讼。逾期不申请行政复议或者不提起行政诉讼，又不履行处罚决定的，本机关将依法强制执行或者依法申请人民法院强制执行。

【裁判结果】

对申请执行人申请强制执行的林业行政处罚决定不准予强制执行。

【案例评析】

《中华人民共和国行政诉讼法》第四十六条第一款的规定，公民、法人或者其他组织直接向人民法院提起诉讼的，应当自知道或者应当知道作出行政行为之日起六个月内提出。申请执行的行政处罚决定缩短了被处罚人的权利救济期限，不仅明显缺乏法律依据，同时损害被执行人的合法权益，应当依法裁定不准予执行。

案例88　望奎县林业和草原局申请执行于晓红不履行行政处罚决定案[①]

【裁判要点】

被申请执行的行政行为有明显违法并损害被执行人合法权益的情形，人民法院应当裁定不准予执行。

【相关法条】

《中华人民共和国行政强制法》第五十八条、《最高人民法院关于适用<中华人民共和国行政诉讼法>的解释》第一百六十一条

【基本案情】

申请执行人：望奎县林业和草原局

被执行人：于晓红

望奎县林业和草原局查明，被申请人于2017年将其承包的林地改为耕地种植玉米，面积为9.449亩。申请执行人于2018年12月29日向被执行人送达林业行政处罚听证权利告知书，2019年1月1日作出行政处罚决定：（1）限2019年

---

① 黑龙江省望奎县人民法院(2019)黑1221行审85号行政裁定书。

春季恢复造林；(2)行政罚款63024.83元。申请执行人于2019年8月30日作出行政决定履行催告书，告知被执行人将罚款缴至该行政机关财务室。申请执行人向法院申请强制执行。

【裁判结果】

不准予强制执行行政处罚决定书。

【案例评析】

申请执行人在向被执行人送达行政处罚听证权利告知书后，未满法定期间即作出行政处罚决定，不符合《中华人民共和国行政处罚法》第四十二条"当事人要求听证的，应当在行政机关告知后三日内提出"的规定，可能影响当事人权利。申请人作出的行政履行催告书，对罚款的给付方式，不符合《中华人民共和国行政处罚法》第四十六条"作出罚款决定的行政机关应当与收缴罚款的机构分离"的规定。因此，本案有明显违法并损害被执行人合法权益的情形，不准予强制执行。

第九章
行刑衔接

一、刑事优先

案例 89　明达公司诉兰州市城关区林业局行政处罚案①

【裁判要点】

违法行为涉嫌构成犯罪的,行政机关必须将案件移送司法机关,依法追究刑事责任。只有待司法机关认定当事人的违法行为不构成犯罪,不需要追究刑事责任后,才由行政执法机关依法作出处理。

【相关法条】

《中华人民共和国行政处罚法》第二十二条、《行政执法机关移送涉嫌犯罪案件的规定》第十三条

【基本案情】

上诉人(原审被告):兰州市城关区林业局(以下简称:城关区林业局)

被上诉人(原审原告):甘肃明达科技教育服务有限公司(以下简称:明达公司)

2017年2月15日,兰州市城关区人民检察院以城关区林业局未对明达公司破坏宜林地的行为履行法定职责为由,提起行政公益诉讼。2017年6月22日,兰州铁路运输法院作出(2017)甘7101行初82号行政判决书,判决:(1)确认被告城关区林业局未履行行政处罚、恢复毁林地原状的行为违法;(2)责令被告城关区林业局在本判决生效后30日内依法行使行政管理职权,限期恢复被毁林地原状。

2017年11月1日城关区林业局依据勘验鉴定意见及询问笔录等证据材料,履行相关法定程序后,作出《林业行政处罚决定书》,认定原告明达公司于2015年11月,在城关区青白××街道青石××、××清水村集体林地内擅自非法开垦林地,致使林地受到毁坏,对原告处以3126735.63元罚款;责令限期恢复原状的处罚决定。原告不服,提起行政诉讼。

---

① 甘肃省兰州市中级人民法院(2019)甘01行终50号行政判决书。

【裁判结果】

撤销被告兰州市城关区林业局作出的《林业行政处罚决定书》。

【案例评析】

《中华人民共和国行政处罚法》第二十二条规定:"违法行为构成犯罪的,行政机关必须将案件移送司法机关,依法追究刑事责任。"《行政执法机关移送涉嫌犯罪案件的规定》第十三条规定:"公安机关对发现的违法行为,经审查,没有犯罪事实,或者立案侦查后认为犯罪事实显著轻微,不需要追究刑事责任,但依法应当追究行政责任的,应当及时将案件移送同级行政执法机关,有关行政执法机关应当依法作出处理。"根据上述规定,违法行为涉嫌构成犯罪的,行政机关必须将案件移送司法机关,依法追究刑事责任。只有待司法机关认定当事人的违法行为不构成犯罪,不需要追究刑事责任后,才由行政执法机关依法作出处理。2017年9月19日城关区林业局将明达公司非法开垦林地一案移送兰州市森林公安局,兰州市森林公安局于2017年9月25日给城关区林业局发出兰森公(刑)立告字[2017]14号《立案告知单》,认为符合刑事案件立案条件,决定立案。2017年11月1日城关区林业局对明达公司作出城林罚决字[2017]第2号《林业行政处罚决定书》。城关区林业局明知明达公司开垦林地的行为已被兰州市森林公安局刑事立案侦查,其应当待司法机关对明达公司作出处理后,再行决定是否追究明达公司的行政责任。然而城关区林业局在刑事司法程序尚未终结的情况下,对明达公司予以行政处罚,不符合《行政执法机关移送涉嫌犯罪案件的规定》第十三条的规定。

案例 90　丛万凤诉大兴安岭加格达奇林业局行政处罚案①

【裁判要点】

违法行为涉嫌构成犯罪的,行政机关必须将案件移送司法机关,依法追究刑事责任。只有待司法机关认定当事人的违法行为不构成犯罪,不需要追究刑事责任后,才由行政执法机关依法作出处理。

【相关法条】

《中华人民共和国行政处罚法》第二十二条、《行政执法机关移送涉嫌犯罪案件的规定》第十三条

【基本案情】

原告:丛万凤

被告:大兴安岭加格达奇林业局

2018年1月11日,被告作出《恢复通知》,认定:丛万凤在江边管护区施业区内非法开垦林地79.7651公顷一案,现公安机关已移送起诉。按《加格达奇林业局林政案件管理办法》的要求,由江边管护区监督违法行为人恢复原状,同时依据《加格达奇林业局关于非法破坏地块植被恢复工作暂行规定》,由江边管护

---

① 黑龙江省大兴安岭地区中级人民法院(2019)黑27行终14号行政判决书、加格达奇区人民法院(2018)黑2701行初11号行政判决书。

区负责对改变林地用途的地块进行植被恢复，植被恢复工作要严格按照营林技术操作规程进行，恢复情况于2018年3月15日前上报局林政案件管理办公室。2018年1月24日，江边管护区向原告送达《恢复通知》。2018年10月30日，原告向法院提出行政诉讼，请求法院撤销被告作出的《恢复通知》。

【裁判结果】

撤销被告的《恢复通知》，责令被告重新作出行政行为。

【案例评析】

《恢复通知》要求原告对改变林地用途的地块进行植被恢复。从事实证据看，被告作出《恢复通知》的依据是加格达奇林业局公安分局对江边管护区林班非法占用农用地一案立案决定书一份，但根据现有证据，公安机关虽已立案，但案件并无最终结果，原告是否有非法占用农用地的行为没有结论，故被告以公安机关立案为依据作出行政处罚决定属主要证据不足。从程序方面审查，被告没有向法院提交立案审批、调查询问、告知权利、办案人员意见、领导审批、结案报告等办案程序方面的证据。因此，认定原行署非法开垦林地79.7651公顷，事实不清，证据不足，程序违法。

二、有限并罚

案例91 华拓石场诉佛山市自然资源局行政处罚案[①]

【裁判要点】

司法机关作出人身罚（有期徒刑）和财产罚（罚金），行政处罚则不能再作拘留和罚款等同类型处罚，而只能作出行为罚（撤销许可证）和申诫罚（警告）。也就是说，违法行为人被依法追究刑事责任后，行政机关只能有限制地实施处罚。

【相关法条】

《中华人民共和国行政处罚法》第二十八条

【基本案情】

原告：华拓石场有限公司

被告：佛山市自然资源局

经审理查明，原告于2005年向佛山市某村租赁土地用于花岗岩开采。期间取得采矿许可证，经广东省林业厅审核同意使用4.1公顷林业用地。2012年7月17日，被告发现原告超过批准面积违规占用林地，先后两次向其发出《停止违法行为通知书》。经被告委托，广东某公司出具调查报告显示，原告违规使用林地面积共73.97亩，占用林地为一般用材林。2017年12月29日，广东省佛山市高明区法院作出《刑事判决书》，认为原告违反土地管理法规，非法占用林地，改变被占用土地用途，数量较大，造成大量林地毁坏，其行为已构成非法占用农用地罪，判处罚金30000元；梁某为原告直接负责的主管人员，其行为构成非法占用农用地罪，判处有期徒刑八个月，缓刑一年，并处罚金10000元。该判决发生

[①] 广东省佛山市顺德区人民法院(2019)粤0606行初460号行政判决书。

法律效力后，佛山市高明区检察院于 2018 年 6 月 19 日向被告发出《检察建议书》，认为被告存在行政不作为的行为，建议被告依据《中华人民共和国森林法实施条例》第四十三条的规定，责令原告对非法占用的林地限期恢复原状，并处非法改变用途林地每平方米 10 元至 30 元的罚款。被告根据上述建议，于同年 9 月 4 日对原告违法行为进行立案调查，并于 2018 年 11 月 2 日作出《行政处罚决定书》，责令原告限期 3 个月内恢复林地原状，并处非法改变林地用途每平方米 30 元共 1479407.4 元的罚款。原告对《行政处罚决定书》不服，向法院提起诉讼。

【裁判结果】

撤销被告作出的《行政处罚决定书》中的第 2 项行政处罚决定。

【案例评析】

本案的争议焦点在于：法院已经对原告的违法行为作出刑事判决，被告再对原告的同一违法行为作出行政处罚是否合法。《中华人民共和国行政处罚法》第二十八条规定："违法行为构成犯罪，人民法院判处拘役或者有期徒刑时，行政机关已经给予当事人行政拘留的，应当依法折抵相应刑期。违法行为构成犯罪，人民法院判处罚金时，行政机关已经给予当事人罚款的，应当折抵相应罚金。"《行政执法机关移送涉嫌犯罪案件的规定》第十一条规定："行政执法机关对应当向公安机关移送的涉嫌犯罪案件，不得以行政处罚代替移送。"根据上述规定，对于同一违法行为，原则上只能给予一次人身罚和财产罚，不能重复适用。另外，行政机关对违法行为给予行政处罚的前提是一般违法，当违法行为尚未构成犯罪时，由行政机关依法给予行政处罚。如果该行为涉嫌犯罪，行政机关应当将案件移送司法机关，依法追究其刑事责任。两种责任之间存在递进关系，应当根据行为人违法行为的不同程度，分别适用不同的法律规定作出责任追究。一般而言，违法行为严重构成犯罪的，给予刑事处罚后，不应当再给予行政处罚。除非在给予刑事处罚仍不能消除该违法行为的危害后果的情况下，可以再给予行政处罚，一般限于行为罚。在本案原告已经被给予罚金刑事处罚的前提下，被告再就同一违法行为作出罚款的处罚，明显不当，应当予以撤销。原告的违法行为仅给予刑事处罚，并不能消除该违法行为的危害后果，被告责令原告限期恢复林地原状，认定事实清楚，适用法律正确。

【其他问题】

本案涉及行刑衔接。被告提出，根据原告的违法事实、性质，应处原告的罚款为 1479407.4 元，但刑事处罚的罚金仅为 30000 元，该罚金与原告的违法事实和性质、情节、社会危害程度相距甚远；如果不对原告进行行政罚款，是对公共利益的严重损失，也是对原告违法行为的放纵，与过罚相当原则相违背。行政处罚与刑事处罚是两种不同性质的制裁方式，比较而言，刑罚制裁是更为严厉的制裁方式。刑事判决有罪后，犯罪人受到了严厉的制裁，其在诸多方面都要受到影响，此种制裁不是行政罚款能够相比较的。虽然客观上犯罪人被处以的罚金数额可能低于行政法律法规上规定的行政罚款数额，但与行政罚款比较，定罪量刑的严厉程度远远重于行政处罚。

案例 92　闫石诉舒兰市林业局行政处罚案①

【裁判要点】

司法机关作出人身罚(有期徒刑)和财产罚(罚金)，行政处罚则不能再作拘留和罚款等同类型处罚，而只能作出行为罚(撤销许可证)和申诫罚(警告)。也就是说，违法行为人被依法追究刑事责任后，行政机关只能有限制地实施处罚。

【相关法条】

《中华人民共和国行政处罚法》第二十八条

【基本案情】

上诉人(原审原告)：闫石

被上诉人(原审被告)：舒兰市林业局

原告在未经林业主管部门批准的情况下，于2014年至2016年6月在舒兰市某山集体林内，开矿采石，非法占用林地14200平方米，致使该林地内原有植被遭到严重毁坏，法院于2017年9月25日判决原告犯非法占用农用地罪，判处拘役四个月，缓刑六个月，并处罚金10000元。被告于2017年12月26日对原告作出林业行政处罚：(1)责令停止违法行为；(2)限期1个月内恢复林地原状；(3)处非法改变林地用途142000元罚款。原告向法院起诉，要求撤销被告作出的《林业行政处罚决定书》。

【裁判结果】

撤销被告《林业行政处罚决定书》第三项，即"处非法改变林地用途142000元罚款"。

【案例评析】

根据中共中央办公厅、国务院办公厅《关于加强行政执法与刑事司法衔接工作的意见》的规定，行政执法机关在移送案件时已经作出行政处罚决定的，应当将《行政处罚决定书》一并抄送公安机关、人民检察院，未作出行政处罚决定的，原则上应当在公安机关决定不予立案或者撤销案件、人民检察院作出不起诉决定、人民法院作出无罪判决或者免于刑事处罚后，再决定是否给予行政处罚。据此不难看出，如果法院判决有罪并予以刑事处罚了，原则上行政执法机关对同一个违法犯罪行为不应再予以行政处罚。结合到本案中，原告的行为已经构成犯罪，应属刑事制裁范畴。原告非法占用林地，致使林地遭受破坏，应当恢复林地原状，该问题是刑事处罚无法解决的，故应由林业主管部门依法进行处理。被告对原告作出责令停止违法行为、限期恢复林地原状并无不当，但在刑事罚金制裁后又予以行政罚款，明显不当，故对行政处罚第三项应予撤销。

---

① 吉林省吉林市中级人民法院(2018)吉02行终214号行政判决书、吉林省舒兰市人民法院(2018)吉0283行初21号行政判决书、吉林省舒兰市人民法院(2017)吉0283刑初289号刑事判决书。

案例93　王建成诉中牟县林业局行政处罚案[①]

【裁判要点】

司法机关判处罚金的刑罚之后,行政机关不能再处罚款的行政处罚。

被告对作出的行政行为负有举证责任,应当提供作出该行政行为的证据和所依据的规范性文件。

【相关法条】

《中华人民共和国行政诉讼法》第三十四条

【基本案情】

原告：王建成

被告：中牟县林业局

原告未经林业主管部门批准擅自将位于中牟县某村的林地盖成仓库,经勘验人员GPS围测,并结合《中牟县郑庵镇林相图》进行对照,该处面积376.94亩。根据《中华人民共和国森林法实施条例》第四十三条的规定,并依据《中牟县林业局行政处罚裁量阶次制度》第七大项第二小项第三条,被告对原告处以下行政处罚：责令王建成于2018年11月22日前限期拆除违法建筑物并恢复被毁坏林地的原状。王建成认为该处罚决定程序不合法,向法院提起行政诉讼,请求撤销被告作出的《林业行政处罚决定书》。

【裁判结果】

撤销被告作出的《林业行政处罚决定书》。

【案例评析】

法院认为被告只要求原告恢复被毁林地原状,未并处罚款,属适用法律、法规错误,故该处罚决定书应予撤销。《中华人民共和国森林法》第四十三条规定："……擅自改变林地用途的,由县级以上人民政府林业主管部门责令限期恢复原状,并处非法改变用途林地每平方米10元至30元的罚款。"被告给出的理由是：原告因为同一违法行为涉嫌刑事犯罪,中牟县人民法院判决王建成犯非法占用农用地罪,判处有期徒刑二年,并处罚金人民币十万元。司法机关追究刑事责任后,行政机关不能再就当事人的同一违法事实作出与刑事处理性质相同的行政处罚。被告未并处罚款是基于本案的特殊情况,并不违反法律规定,适用法律是正确的。

本案被告有限并罚的做法是适当的,但是,被告未提供证据支持。《中华人民共和国行政诉讼法》第三十四条规定"被告对作出的行政行为负有举证责任,应当提供作出该行政行为的证据和所依据的规范性文件。被告不提供或者无正当理由逾期提供证据,视为没有相应证据。"《最高人民法院关于行政诉讼证据若干问题的规定》第六十条规定："下列证据不能作为认定被诉具体行政行为合法的依据：(一)被告及其诉讼代理人在作出具体行政行为后或者在诉讼程序中自行

---

① 河南省新郑市人民法院(2019)豫0184行初56号行政判决书、河南省郑州市中级人民法院(2019)豫01行终687号行政判决书、河南省中牟县人民法院(2016)豫0122刑初270号刑事判决书。

收集的证据;……"本案中,《中牟县林业局案件调查终结报告》和《重大行政处罚案件集体讨论会议记录》中均载明涉及作出本案行政处罚决定的证据为:(1)询问笔录7份;(2)勘验、检查笔录1份;(3)现场照片4份;(4)草图1份;(5)司法鉴定意见书1份。根据上述证据情况,被告并未依据刑事判决书作出涉案行政处罚,上述终结报告及集体讨论会议记录中也未涉及对王建成因受过十万元罚金的刑事处罚而不予行政处罚相关问题的说明或意见。所以,行政处罚决定证据不足,应予撤销。

第十章

行政诉讼判决

行政诉讼被告败诉的判决类型有：撤销判决、履行判决、确认判决、变更判决、给付判决等。

一、撤销判决

行政行为有下列情形之一的，人民法院判决撤销或者部分撤销，并可以判决被告重新作出行政行为：

（1）主要证据不足的；
（2）适用法律、法规错误的；
（3）违反法定程序的；
（4）超越职权的；
（5）滥用职权的；
（6）明显不当的。

（一）主要证据不足

案例 94　涞水县某村委会诉涞水县林业局行政处罚案[①]

【裁判要点】

行政行为主要证据不足的，人民法院判决撤销或者部分撤销，并可以判决被告重新作出行政行为。

【相关法条】

《中华人民共和国行政诉讼法》第七十条

【基本案情】

上诉人（原审被告）：涞水县林业局

被上诉人（原审原告）：涞水县某村村委会

原告 2015 年年底在未办理林木采伐手续的情况下在涞水县某村南洞组织村

[①] 河北省保定市中级人民法院（2019）冀 06 行终 26 号行政判决书、河北省涿州市人民法院（2018）冀 0681 行初 38 号行政判决书。

民采伐退耕还林杏树，违反了《中华人民共和国森林法》第三十二条的规定。被告于2018年1月24日作出《林业行政处罚决定书》，对涞水县某村村委会处以下行政处罚：(1)责令补种滥伐株数五倍的林木计22915株；(2)处滥伐林木价值二倍的罚款人民币1026592元。原告不服，提起行政诉讼。

【裁判结果】

撤销被告作出的林业行政处罚决定。

【案例评析】

本案被告作出行政处罚事实根据有两个证据：第一，2017年12月8日涞水县林业局关于某村南涧区域退耕还林的情况说明，最后结论，"南涧区域的退耕还林地在暂停粮款补助发放前山杏树不少于4583株"，属于被告估计推算得出的大致数据，且庭审中被告未提供某村退耕还林面积验收情况，法院对该证据不予认定。第二，资产评估报告书评估结果以2017年12月8日涞水县林业局关于某村南涧区域退耕还林的情况说明为基础，法院亦不予认定。

对被采伐林木的情况，被告未有现场勘验或涉案人认可的准确被伐林木的株树，仅根据退耕还林时的情况推定南涧区域的退耕还林地在暂停粮款补助发放前山杏树不少于4583株，就此认定被伐树木为4583株，评估部门评估树木单价112元，被伐树木价值为513296。被告对于株数的认定仅提供在查处过程中作出的情况说明作为证据，属基本事实不清，主要证据不足。

案例95　孙玉林诉兴隆县林业局行政处罚案（2017年）①

【裁判要点】

行政行为主要证据不足的，人民法院判决撤销或者部分撤销，并可以判决被告重新作出行政行为。

【相关法条】

《中华人民共和国行政诉讼法》第七十条

【基本案情】

原告：孙玉林

被告：兴隆县林业局

2013年春季，原告孙玉林未经林业主管部门审核同意，在平安堡镇东南沟村陈某A山场内开采矿石，擅自改变土地、林地用途，并在采石过程中毁坏林木。被告曾于2015年9月10日作出414号林业行政处罚决定，认定原告占用林地面积4755.71平方米，毁坏林木5.59立方米。被告对原告处以150217.50元的罚款并恢复林地原状。原告不服，于2016年2月29日向法院提出行政诉讼，后因申请重新鉴定撤回了起诉。2016年6月20日，河北林业司法鉴定中心作出补充鉴定结果，鉴定原告占用林地面积4.726亩，2016年7月14日被告通过调查及现场指认，认为原告占用林地内有罗某A、张某某、陈某A三户的承包土地，共计0.29亩，即从4.762亩林地中扣减0.29亩承包土地，认为原告实际占用林地面积4.436亩，折

---

① 河北省兴隆县人民法院（2017）冀0822行初19号行政判决书。

合 2959 平方米。于 2016 年 9 月 13 日作出 6020 号行政处罚决定，认定原告实际占用林地面积 4.436 亩，折合 2959 平方米，并对原告作出罚款 44385.00 元，恢复占用林地原状的林业行政处罚。原告不服，起诉至法院。

【裁判结果】

（1）撤销被告作出的 6020 号行政处罚决定；（2）责令被告重新作出行政行为。

【案例评析】

原告孙玉林未经林业主管部门审核同意，在平安堡镇东南沟村陈某 A 山场内开采矿石的事实存在，因该山场内既有农户的承包土地，又有林地，而被告在未查明该处山场内农户承包土地、林地的面积，且处罚决定认定的事实与河北林业司法鉴定中心作出的补充鉴定结果不符，即对原告作出林业行政处罚，属认定事实不清，主要证据不足，故被告所作行政行为依法应予撤销，并应重新作出行政行为。

案例 96　孙玉林诉兴隆县林业局行政处罚案（2018 年）①

【裁判要点】

人民法院判决被告重新作出行政行为的，被告不得以同一的事实和理由作出与原行政行为基本相同的行政行为。

【相关法条】

《中华人民共和国行政诉讼法》第七十一条

【基本案情】

被上诉人（原审原告）：孙玉林

上诉人（原审被告）：兴隆县林业局

被告兴隆县林业局于 2018 年 2 月 5 日作出 6041 号林业行政处罚决定，认定扣除原告孙玉林提供其采场内有山坡地承包合同共 0.29 亩，孙玉林实际占用林地面积 4.436 亩，折合 2959 平方米，对孙玉林处以罚款 44385.00 元，责令限期恢复林地原状的林业行政处罚。原告认为被告在没有新的事实和证据的情况下仍以同一事实和理由作出处罚决定，请求法院撤销被告作出的林业行政处罚决定。

【裁判结果】

（1）撤销被告作出的 6041 号行政处罚决定；（2）责令被告重新作出行政行为。

【案例评析】

本案是案例 95 的延续。被告于 2016 年 9 月 13 日作出的 [2016] 第 6020 号行政处罚决定已被法院依法撤销并责令重作，被告在重新作出行政行为时，未补充新的证据，仍以同一事实与理由作出与原行政行为相同的行政处罚，违反《中华人民共和国行政诉讼法》第七十一条"人民法院判决被告重新作出行政行为的，被告不得以同一的事实和理由作出与原行政行为基本相同的行政行为"之规定。

---

① 河北省兴隆县人民法院（2018）冀 0822 行初 47 号行政判决书、河北省承德市中级人民法院（2019）冀 08 行终 43 号行政判决书。

因此，被告对原告所作行政处罚认定事实不清，主要证据不足，依法应予撤销，并应重新作出行政行为。

所谓"同一的事实和理由"是指行政机关重新作出的行政行为依据的主要证据、事实和理由，与被撤销的行政行为所依据的主要证据、事实和理由基本相同，从而造成重新作出的行政行为直接与人民法院的生效判决认定的事实和理由相抵触的情形。如果生效判决仅仅是以事实不清、主要证据不足为由撤销原行政行为的，行政机关重新作出行政行为时，依据新的证据，补充认定相关事实，完善决定理由，重新作出与原行政行为处理结果相同的行政行为，不属于以"同一的事实和理由"作出与原行政行为基本相同行政行为的情形。

【其他问题】

行政机关以同一事实和理由重新作出与原行政行为基本相同的行政行为，人民法院应当根据行政诉讼法第七十条、第七十一条的规定判决撤销或者部分撤销。第一审人民法院可以向监察机关或者该行政机关的上一级行政机关提出司法建议；接受司法建议的机关，根据有关规定进行处理，并将处理情况告知人民法院。

人民法院以违反法定程序为由，判决撤销被诉行政行为的，行政机关重新作出行政行为不受行政诉讼法第七十一条规定的限制。

案例97　李洪仁诉大连市普兰店区林业水利局行政处罚案①

【裁判要点】

行政行为主要证据不足的，人民法院判决撤销或者部分撤销，并可以判决被告重新作出行政行为。

【相关法条】

《中华人民共和国行政诉讼法》第七十条

【基本案情】

上诉人（原审被告）：大连市国土资源和房屋局普兰店国土资源分局（原大连市普兰店区林业水利局）

被上诉人（原审原告）：李洪仁

李洪仁于2012年未经林业主管部门审批擅自在四平镇长岭村刘东屯东山西坡内开荒修梯田。并于次年春天栽种榛子树苗和苹果树苗。经核实，李洪仁擅自开垦林地17.681亩。李洪仁的行为违反了《中华人民共和国森林法》第二十三条规定。被告于2018年5月30日根据《中华人民共和国森林法实施条例》第四十一条第二款、《辽宁省林业行政处罚自由裁量权指导标准》的规定，给予李洪仁罚款70759元，责令六个月内恢复擅自开垦林地原状的行政处罚。原告向法院起诉：(1)请求依法撤销林业行政处罚决定书；(2)请求依法撤销责令限期恢复原状通知书。

【裁判结果】

一审判决：(1)撤销被告作出的行政处罚决定书；(2)被告于判决生效之日

---

① 辽宁省大连市中级人民法院(2019)辽02行终335号行政判决书、大连市金州区人民法院(2018)辽0213行初205号行政判决书。

起六十日内,重新作出处理。二审判决:驳回上诉,维持原判。

【案例评析】

本案中,根据被告提供的证据,可以证明原告未经批准,擅自开垦林地,改变了林地的原貌,被告对原告作出恢复原状并罚款的行政处罚,适用法律正确,程序合法。但是,处罚决定认定的面积为17.681亩,同时载明"经普兰店区林业调查与资源监测中心测量",然而,被告提供的普兰店区林业调查与资源监测中心出具的林地现场勘查报告载明"经GPS测量落到2005年二类调查资源图,……其中当事人平整开荒面积17.347亩",与处罚决定中的面积不一致。同时,在听证会笔录中调查人员又陈述"经GPS测量落到2005年二类调查资源图,……其中当事人平整开荒面积17.681亩",该陈述的面积与林地现场勘查报告中的面积不一致,原告提出对处罚面积希望可以重新进行调查,主持人称"对于你提出的道路是否应处罚问题将进一步进行调查",听证会结束后并未提供进一步调查的证据。因此,被告作出的处罚决定认定的面积与处罚金额属于事实不清,主要证据不足,根据《中华人民共和国行政诉讼法》第七十条第(一)项之规定,应当撤销该处罚决定,并判决上诉人重新作出处罚决定。

案例98　王洪广诉建平县林业和草原局行政处罚案[①]

【裁判要点】

行政行为主要证据不足的,人民法院判决撤销或者部分撤销,并可以判决被告重新作出行政行为。人民法院对原行政行为作出判决的同时,应当对复议决定一并作出相应判决。

【相关法条】

《中华人民共和国行政诉讼法》第六十九条、《最高人民法院关于适用<中华人民共和国行政诉讼法>的解释》第一百三十六条

【基本案情】

上诉人(原审被告):建平县林业和草原局

被上诉人(原审原告):王洪广

原审被告:建平县人民政府

被告建平县林业和草原局于2018年12月19日对原告作出《林业行政处罚决定书》,认定原告于2018年6月开始,未经县级以上林业主管部门批准,擅自在林地内种植烤烟、大葱、辣椒、高粱等农作物,经测量非法开垦林地面积84466平方米,违反了《中华人民共和国森林法》第二十三条的规定,依据《中华人民共和国森林法实施条例》第四十一条第二款规定,作出行政处罚。原告对该处罚决定不服,向建平县人民政府申请行政复议,县政府作出《行政复议决定书》,维持行政处罚决定。原告不服,向法院提起行政诉讼。

---

① 辽宁省朝阳市中级人民法院(2019)辽13行终207号行政判决书。

【裁判结果】

（1）撤销建平县林业和草原局对原告作出的林业行政处罚决定；（2）撤销建平县人民政府作出的行政复议决定。

【案例评析】

原告承包林地后，虽然实施了农林间作行为，但被告并未提交相关证据，证明原告存在毁林开垦、砍柴、放牧的违法行为。同时，根据原告提交的《造林技术规程》关于"以耕代抚"可以适用实施农林间作新造林地的规定。原告承包的案涉林地系 2014 年经过皆伐而形成的迹地，对于案涉林地是否属于禁止实施农林兼作的新造林地，被告未提交相应规范性文件予以证明，亦未提交相应规范性文件证明实施农林兼作的行为，系非法开垦林地性质的行为，故被告根据《中华人民共和国森林法》第二十三条之规定，认定原告开垦林地行为违法的主要证据不足。被告建平县人民政府作出复议决定认定事实的主要证据不足。

案例 99　惠川公司李川诉昆明市自然资源公安局五华分局行政处罚案[①]

【裁判要点】

行政行为主要证据不足的，人民法院判决撤销或者部分撤销行政行为。

【相关法条】

《中华人民共和国行政诉讼法》第七十条

【基本案情】

原告：昆明惠川养殖有限公司

原告：李川

被告：昆明市自然资源公安局五华分局

被告的《林业行政处罚决定书》认定：2009 年 4 月至 2014 年 5 月期间，李川在未办理相关林地征占用手续的情况下，擅自在五华区某村某小组处占用林地建盖猪舍，经鉴定，占用土地面积合计 5.494 亩，其中包含林地面积 3.292 亩，属于防护林，非林地面积 2.657 亩，为耕地。2018 年 10 月 26 日，被告对原告李川、昆明惠川养殖有限公司处以以下行政处罚：（1）责令限期一个月内恢复原状；（2）并处李川非法改变林地用途每平方米 25 元的罚款共计 54866.9 元（3.292 亩×666.67 平方米/亩×25 元/平方米）。被告于 2018 年 11 月 7 日向原告李川邮寄送达了《林业行政处罚决定书》。2018 年 12 月 10 日，二原告向法院提起行政诉讼，请求撤销被告作出的《林业行政处罚决定书》。庭审过程中，原告陈述建盖猪舍属于昆明惠川养殖有限公司的行为。

【裁判结果】

撤销被告作出的《林业行政处罚决定书》。

【案例评析】

被告是针对昆明惠川养殖有限公司涉嫌擅自改变林地用途一案进行立案，而行政处罚作出的过程都只针对李川个人作出，最后作出行政处罚决定的行政相对

[①] 昆明市五华区人民法院(2018)云 0102 行初 122 号行政判决书。

人是昆明惠川养殖有限公司和李川，被告在本次行政处罚案件调查过程中未对实施违法行为的行为人身份进行调查核实，现有证据材料不能证明是否是李川个人以及昆明惠川养殖有限公司共同实施了该违法行为，也不能区分李川个人和昆明惠川养殖有限公司分别擅自改变林地用途的范围和面积，被告将李川个人和昆明惠川养殖有限公司共同列为行政处罚的相对人主要证据不足。

（二）适用法律法规错误

案例100　大用村村民小组诉象州县自然资源局行政答复案①

【裁判要点】

行政行为适用法律、法规错误的，人民法院判决撤销或者部分撤销，并可以判决被告重新作出行政行为。

【相关法条】

《中华人民共和国行政诉讼法》第七十条

【基本案情】

原告：大用村村民小组

被告：象州县自然资源局

2018年2月23日，原告向被告申请，要求立案查处林业违法行为，因被告未予答复，原告于2018年8月22日以被告不履行法定职责为由向法院提起行政诉讼，请求判决被告立即履行查处上述违法行为的法定职责等。法院经审理后，于2018年11月29日作出10号行政判决书，判决责令被告于判决生效之日起十日内对原告的举报作出是否立案的决定。之后，原告对一审判决不服，上诉至来宾市中级人民法院，来宾市中级人民法院经审理后，于2019年4月26日驳回上诉，维持原判。2019年7月5日，被告作出1号林业行政不予立案通知书，该通知书认为没有违法行为发生，根据《中华人民共和国行政处罚法》第三十八条第三款、《林业行政处罚法》第二十四条第一款的规定，不符合立案条件，根据《林业行政处罚法》第二十四条之规定，决定不予立案。原告认为，被告作出不予立案通知认定事实错误、程序违法和适用法律错误。为此，原告起诉至法院，请求：(1)判决撤销被告作出的1号《林业行政不予立案通知书》；(2)责令被告重新作出行政行为。

【裁判结果】

撤销被告作出的1号林业行政不予立案通知书；责令被告于判决生效之日起十日内对原告的举报重新作出是否立案的决定。

【案例评析】

《中华人民共和国行政处罚法》第三十八条第一款："调查终结，行政机关负责人应当对调查结果进行审查，根据不同情况，分别作出如下决定：（一）确有应受行政处罚的违法行为的，根据情节轻重及具体情况，作出行政处罚决定；（二）违法行为轻微，依法可以不予行政处罚的，不予行政处罚；（三）违法事实

---

① 广西壮族自治区象州县人民法院(2019)桂1322行初15号行政判决书。

不能成立的,不得给予行政处罚;(四)违法行为已构成犯罪的,移送司法机关。"第二款:"对情节复杂或者重大违法行为给予较重的行政处罚,行政机关的负责人应当集体讨论决定。"第三款:"在行政机关负责人作出决定之前,应当由从事行政处罚决定审核的人员进行审核。行政机关中初次从事行政处罚决定审核的人员,应当通过国家统一法律职业资格考试取得法律职业资格。"《林业行政处罚程序规定》第二十四条规定:"凡发现或者接到举报、控告、移送、上级交办等违反林业法律、法规、规章的行为,应当填写《林业行政处罚登记表》,报行政负责人审批。对认为需要给予林业行政处罚的,在七日内予以立案;对认为不需要给予林业处罚的,不予立案。"本案被告作出的1号林业行政不予立案通知书,适用《中华人民共和国行政处罚法》第三十八条第三款系适用法律条款错误;适用的《林业行政处罚法》是一部在我国不存在的法律。所以,被告的上述不予立案通知书适用法律法规错误,应予撤销。

(三)违反法定程序

案例101　龙城区水库移民管理局诉朝阳市林业和草原局行政处罚案①

【裁判要点】

调查终结,对情节复杂或者重大违法行为给予较重的行政处罚,行政机关的负责人应当集体讨论决定;确有应受行政处罚的违法行为的,根据情节轻重及具体情况,作出行政处罚决定。

行政行为违反法定程序的,人民法院判决撤销。

【相关法条】

《中华人民共和国行政处罚法》第三十八条、《中华人民共和国行政诉讼法》第七十条

【基本案情】

原告:朝阳市龙城区水库移民管理局

被告:朝阳市林业和草原局

2018年10月29日,被告对原告2016年11月在龙城区大平房镇东街村移民造地工程项目中擅自改变林地用途的行为立案查处。被告于2018年11月8日向原告送达林业行政处罚先行告知书和林业行政处罚听证权利告知书,告知原告将林地0.2723公顷改为耕地的行为属擅自改变林地用途行为,决定对其罚款27230元。被告于2018年11月13日9时30分至10时10分经集体讨论决定对原告作出行政处罚,集体讨论决定对原告罚款27230元整,责令原告限期6个月内恢复林地原状,同日作出责令限期恢复原状通知书。被告于2018年11月12日作出林业行政处罚决定。原告不服,向法院提起行政诉讼,请求撤销被告作出的林业行政处罚决定。

【裁判结果】

撤销被告作出的林业行政处罚决定。

---

① 朝阳市双塔区人民法院(2019)辽1302行初48号行政判决书。

【案例评析】

被告应当在查明事实的基础上,依照法定程序作出行政行为。本案中,被告于2018年10月29日对原告的行为立案查处,于2018年11月12日作出林业行政处罚决定,于2018年11月13日经集体讨论决定对原告作出行政处罚,讨论决定处罚的内容和预先告知处罚的内容与被诉行政行为的内容完全一致。明显是处罚决定在先,集体讨论处罚决定在后,属于严重违反法定程序,故被告作出的林业行政处罚决定,应予撤销。

案例102　黄士贵诉海兴县农业农村局行政处罚案[①]

【裁判要点】

行政行为违反法定程序的,人民法院判决撤销。

【相关法条】

《中华人民共和国行政诉讼法》第七十条

【基本案情】

上诉人(原审被告):海兴县农业农村局

被上诉人(原审原告):黄士贵

2018年7月12日,海兴县农业局接到省督查通知,发现原告未经林业部门批准占用林地修建猪舍,遂立案调查。2018年7月19日,被告对原告占地现场进行勘查。2018年8月9日,形成调查终结报告,办案人员提出处理意见。2018年8月22日,被告单位成员对案件进行讨论,一致认为该行为定性为擅自改变林地用途案件,责令恢复原状,并处每平方米10元的罚款。2019年8月29日,被告作出行政处罚决定书并送达原告。原告提起行政诉讼,请求撤销被告作出的处罚决定。

被告在举证期限内向法院提交了作出行政行为的卷宗一册。被告卷宗显示,2018年7月12日立案,承办人意见栏"建议立为擅自改变林地用途案件调查",行政机关负责人签名但未签署意见。2018年8月23日,向原告送达行政处罚事先告知书、行政处罚听证告知书(原告提供作出时间为2018年8月16日和23日两份)。2018年8月29日,被告单位作出案件处理内部审批表,承办人意见栏"建议立为擅自改变林地用途案件调查",单位负责人签名但未签署意见,并于当日作出行政处罚决定,送达原告(原告又提供2018年8月20日行政处罚决定书一份),处罚决定未载明原告擅自占用林地面积。2018年9月17日,被告依据《中华人民共和国行政强制法》第五十四条的规定,作出《履行行政处罚决定催告书》,并于当日送达给原告。

【裁判结果】

撤销被告作出的行政处罚决定。

【案例评析】

被告的执法文书存在多处错误。第一,立案审批表和案件处理内部审批表

[①] 河北省沧州市中级人民法院(2019)冀09行终100号行政判决书、河北省海兴县人民法院(2018)冀0924行初19行政判决书。

中，有承办人意见，单位负责人仅有签名，未签署相关意见，说明被告负责人对行政办案重视程度的缺失。第二，被告不同时间两次向原告送达行政处罚事先告知书、行政处罚听证告知书、行政处罚决定书，实际上是发现办案程序出现错误后，更正错误的程序文件，但文书文件均由原告予以保留未能撤回，因此并未能弥补执法文书的疏漏。第三，被告于2018年9月17日作出《履行行政处罚决定催告书》，实属不当。被告在2018年8月29日送达行政处罚决定书，法定的复议诉讼期限届满日期为2019年3月1日。没有行政强制执行权的行政机关可以自2019年3月1日起三个月内，也就是2019年6月1日前申请法院强制执行。行政机关申请人民法院强制执行前，应当催告当事人履行义务。催告书送达十日后当事人仍未履行义务的，行政机关可以向人民法院申请强制执行。这个"十日"期限如何计算，可以在行政复议或者行政诉讼期限届满的前十日向当事人发出催告书，如果当事人在此十日内不履行义务，又赶上当事人申请行政救济的期限届满，则行政机关即可从届满之日起向法院申请强制执行。当然行政机关也可以在当事人申请行政救济的期限届满后向当事人发出催告书，如果这样，则只能是在催告书送达十日后当事人仍未履行义务的情况下，行政机关方可向法院申请强制执行。具体到本案，催告书发出的最早日期应当是2019年2月19日。

（四）超越职权

案例103　张某某诉齐齐哈尔市梅里斯达斡尔族区林业局行政处罚案[①]

【裁判要点】

行政行为超越职权的，人民法院判决撤销或者部分撤销，并可以判决被告重新作出行政行为。

【相关法条】

《中华人民共和国行政诉讼法》第七十条

【基本案情】

原告：张某某

被告：齐齐哈尔市梅里斯达斡尔族区林业局

原告张某某涉案房屋于2006年至2007年陆续建成，属于生产、生活用房，未办理产权登记，现存在大棚、压井等附属物。齐齐哈尔明星岛国家湿地公园由国家林业局2011年3月批准建立，该湿地公园范围包括张某某现生产、居住用房及附属物用地。2006年8月1日，被告梅里斯达斡尔族区林业局认定，张某某在明星岛湿地公园内建设永久性建筑违反了《黑龙江省湿地保护条例》第五十三条第二款之规定，决定对张某某处罚如下：(1)没收76.08平方米可居住用房，67.55平方米附属物；(2)没收水泥晒场674.44平方米；(3)没收大棚10栋2022.4平方米，压井1眼。张某某不服，向法院提起行政诉讼，要求撤销行政处罚。

---

① 黑龙江省齐齐哈尔市梅里斯达斡尔族区人民法院(2016)黑0208行初15号行政判决书。

【裁判结果】

撤销被告作出的林业行政处罚决定。

【案例评析】

《黑龙江省湿地保护条例》第六条规定，省林业行政主管部门是全省湿地行政主管部门；市(地)、县(市、区)人民政府(行署)林业行政主管部门负责本行政区域内的湿地保护工作；国有重点林区主管部门负责国有重点林区范围内的湿地保护工作(以上部门统称湿地主管部门)。湿地主管部门对湿地保护、利用、监督和管理负有主管责任，对其他部门和单位管理的湿地负有监督指导责任。第八条规定，县级以上人民政府应当依法设立湿地自然保护区、湿地公园管理机构，明确管理职责；湿地管理机构集中行使所辖区域内湿地保护和管理的行政处罚权。《黑龙江省湿地保护条例》第五十三条规定，擅自进行开发建设活动或者在临时占用的湿地上修筑永久性建筑物、构筑物的，责令限期拆除，恢复原状，并处以破坏面积每平方米一百元的罚款；逾期不拆除的，予以没收后拆除，并处以建设工程造价一倍的罚款。已设立湿地管理机构的，由湿地管理机构给予处罚；未设立湿地管理机构的，由湿地主管部门会同有关主管部门给予处罚。齐政办发(2016)3号文件《齐齐哈尔市人民政府关于齐齐哈尔明星岛国家湿地公园相关事宜的公告》已经明确湿地公园的管理机构为齐齐哈尔明星岛国家湿地公园管理站。被告不具有湿地管理处罚职权，对张某某作出处罚，没有法律依据，属于超越职权，其处罚应当撤销。

(五) 明显不当

案例104　姚龙泉诉抚顺县自然资源局行政处罚案[①]

【裁判要点】

行政行为明显不当的，人民法院判决撤销或者部分撤销被告作出的行政行为。

【相关法条】

《中华人民共和国行政诉讼法》第七十条(六)项

【基本案情】

上诉人(原审被告)：抚顺县自然资源局(原抚顺县林业局)

被上诉人(原审原告)：姚龙泉

2018年春天，原告未办理林地征占审批手续，擅自在抚顺县某班76小林班筛毛石占用林地，经GPS实地测量，毁坏林地面积2557平方米(3.84亩)，地类为商品林。被告认定原告的行为违反《中华人民共和国森林法》第十八条，依据《中华人民共和国森林法实施条例》第四十三条，决定：(1)责令停止违法行为；(2)责令限期30日内恢复原状；(3)处非法改变用途林地面积每平方米30元的罚款，计76710元。原告请求撤销被告的行政处罚决定。

【裁判结果】

撤销被告作出的《林业行政处罚决定》。

---

① 辽宁省抚顺市中级人民法院(2019)辽04行终168行政判决书。

【案例评析】

本案被告的行政处罚决定存在如下问题：第一，在认定事实方面，该石场开采于20世纪80年代至本世纪初，2012年被告承包该石场时，即为废弃石场，直到2018年被告作出处罚时，状态没有改变，因此石场的状态是由过去开采所致。被告认定原告毁坏林地，属认定事实不清。第二，在处罚裁量方面，原告使用的石场土地的性质为林地，被告要求原告依照有关土地管理的法律、行政法规办理用地审批手续并无不当。但是被告依照《中华人民共和国森林法实施条例》第四十三条选择最上限标准30元/平方米对原告进行罚款，明显不当。

案例 105　赵洪军诉扎赉特旗林业局行政处罚案①

【裁判要点】

行政行为明显不当的，人民法院判决撤销或者部分撤销被告作出的行政行为。

【相关法条】

《中华人民共和国行政诉讼法》第七十条(六)项

【基本案情】

原告：赵洪军

被告：扎赉特旗林业局

2017年8月27日，原告在新林镇尖山村新立屯南山道边王宝库林地内西侧平整一处场院，在平整场院过程中与村民王海波、卜德武发生争执，将原告的车砸坏。原告平整场院停止。2017年9月30日，被告认定原告擅自改变林地用途，给原告下达了林业处罚决定书，责令限期恢复原状，并处罚款人民币贰仟元。原告对该行政处罚不服，向法院提起诉讼。被告辩称原告未经林权人王宝库同意，其行为属对王宝库的民事侵权行为，请求维持行政处罚决定。法院于2018年9月13日到实地踏查，原告平整场院的位置位于王宝库林地内林地西头，原告未实际使用，现已恢复植被。

【裁判结果】

撤销被告作出的林业行政处罚决定。

【案例评析】

原告赵洪军在新林镇尖山村新立屯南山道边王宝库林地内西侧未经王宝库同意占用林地平整场院，双方发生争执，原告赵洪军的行为构成对王宝库林地承包经营权的侵害。王宝库就原告赵洪军的侵权行为可以通过民事诉讼予以维权。双方发生争执后，原告赵洪军已经停止了侵害行为，也未对平整的场院利用。因此，结合本案的事实，被告利用行政执法的方式处理不妥。作出的林业行政处罚决定明显不当。且行政处罚决定中"责令限期恢复原状"表述不正确，没有设定限期以及原状的具体情形。

---

① 内蒙古自治区扎赉特旗人民法院(2018)内2223行初4号行政判决书。

二、履行判决

人民法院经过审理，查明被告不履行法定职责的，判决被告在一定期限内履行。

案例 106 孟祥臣、鞠芳玲诉青州市林业局行政处罚案①

【裁判要点】

原告请求被告履行法定职责的理由成立，被告无正当理由逾期不予答复的，人民法院可以判决被告在一定期限内依法履行原告请求的法定职责；尚需被告调查或者裁量的，应当判决被告针对原告的请求重新作出处理。

【相关法条】

《中华人民共和国行政诉讼法》第七十二条、《最高人民法院关于适用<中华人民共和国行政诉讼法>的解释》第九十一条

【基本案情】

原告：孟祥臣

原告：鞠芳玲

被告：青州市林业局

二原告系夫妻关系。2018年2月8日，二原告通过EMS邮件向被告提交《依法履行法定职责申请书》一份，申请事项为：2017年8月24日，被申请人刘孝军、赵广聚、冯振义在未通知申请人，未依法取得行政许可，更未征得申请人同意的情况下，为获得私利，偷偷将申请人承包地种植的674棵林木砍伐，并用农用三轮车运走，偷偷卖掉获取暴利。请依法对被申请人滥伐、运输并偷卖申请人林木的行为进行立案查处，依法追究被申请人的法律责任。被告于2018年2月9日收到该邮件，调取了之前的询问笔录两份，分别为青州市森林公安局于2017年9月27日对孟祥臣的询问笔录以及2017年9月28日对王德胜的询问笔录，并向青州市人民政府云门山街道办事处调取了《情况说明》一份。2018年5月10日，原告向法院提起行政诉讼，请求法院判决确认被告不依法履行法定职责的行政不作为违法，判令被告立即依法履行职责。

【裁判结果】

责令被告于判决生效之日起十日内对原告的申请依法作出处理。

【案例评析】

《林业行政处罚程序规定》第二十四条规定："凡发现或者接到举报、控告、移送、上级交办、主动交代等违反林业法律、法规、规章的行为，应当填写《林业行政处罚登记表》，报行政负责人审批。对认为需要给予林业行政处罚的，在七日内予以立案；对认为不需要给予林业行政处罚的，不予立案。""林业行政处罚案件立案以后，经调查并报行政负责人审批，没有违法事实的，撤销立案；不属于自己管辖的，移送有关主管部门；需要追究刑事责任的，移送司法机关处理。"该规定第三十四条规定："林业行政处罚案件自立案之日起，应当在一个月

---

① 山东省青州市人民法院(2018)鲁0781行初48号行政判决书。

内办理完毕;经行政负责人批准可以延长,但不得超过三个月;特殊情况下三个月内不能办理完毕的,报经上级林业行政主管部门批准,可以延长。"本案被告具有处理原告申请事项的法定职责,其于 2018 年 2 月 9 日接到原告申请书,截至同年 5 月 10 日原告起诉时已超过法定处理期限,亦无延长批准手续,应认定被告未在法定期限内完全履行职责。

案例 107　史保生诉内黄县森林公安局行政处罚案[①]

【裁判要点】

原告请求被告履行法定职责的理由成立,被告无正当理由逾期不予答复的,人民法院可以判决被告在一定期限内依法履行原告请求的法定职责;尚需被告调查或者裁量的,应当判决被告针对原告的请求重新作出处理。

【相关法条】

《中华人民共和国行政诉讼法》第七十二条、《最高人民法院关于适用<中华人民共和国行政诉讼法>的解释》第九十一条

【基本案情】

原告:史保生

被告:内黄县森林公安局

第三人:郭永刚

第三人:郭秋领

原告与第三人系同村村民。2018 年 4 月 2 日,原告向被告报案,称 2017 年 11 月 24 日,第三人趁原告不在家,将原告填平的废地霸占,并将该地块上 3 棵杨树盗伐。被告接警后于 2018 年 4 月 2 日对现场进行勘验并制作了勘验笔录;分别对原告和第三人郭永刚进行了询问。后被告口头告知原告,因原告与第三人有纠纷,不予受(处)理。2018 年 10 月 18 日,原告通过中国邮政特快专递 EMS 向被告邮寄《控告材料》,请求被告依法追究第三人盗伐原告树木的法律责任。次日,被告收到该特快专递。至原告于 2019 年 1 月 21 日向法院提起行政诉讼,被告未对原告的控告作出行政行为。

另查明,原告持有一份《集体土地建设用地使用证》,第三人郭秋领持有一份《土地承包使用证》。原告于 2018 年 1 月 17 日因物权保护纠纷对第三人郭秋领向内黄县人民法院提起民事诉讼。2018 年 2 月 22 日,内黄县人民法院作出民事裁定,裁定准许原告撤回起诉。

【裁判结果】

限被告于判决生效后三十日内对原告 2018 年 10 月 18 日对第三人提出的控告作出行政行为。

【案例评析】

《林业行政处罚程序规定》第二十四条第一款规定:"凡发现或者接到举报、控告、移送、上级交办、主动交代等违反林业法律、法规、规章的行为,应当填写

[①] 河南省滑县人民法院(2019)豫 0526 行初 8 号行政判决书。

《林业行政处罚登记表》，报行政负责人审批。对认为需要给予林业行政处罚的，在七日内予以立案；对认为不需要给予林业行政处罚的，不予立案。"根据该条规定，森林公安机关在接到群众控告后，应当填写《林业行政处罚登记表》，报行政负责人审批，并根据情形分别作出是否立案的处理。本案中，原告于2018年10月18日通过EMS向被告邮寄《控告材料》，请求被告依法追究第三人盗伐原告树木的法律责任，被告于次日收到该快递后，并未填写《林业行政处罚登记表》，且未报行政负责人审批，在七日内予以立案或不予立案，显然违反了上述规定。

被告以"2018年4月2日接到原告的报案后，多次口头告知原告不予受理，应先解决纠纷、争议为宜，故对原告2018年10月18日的控告未作出行政行为。"一方面，原告于2018年4月2日向被告报案称第三人盗伐原告林木，被告虽然勘验了现场并询问了当事人，但却未按照前述《林业行政处罚程序规定》第二十四条的规定填写《林业行政处罚登记表》并报行政负责人审批，显然未依法履行职责。另一方面，被告在未对原告的报案予以立案的情况下，却进行了勘验、询问、取证等一系列调查行为，与《林业行政处罚程序规定》第二十四条第三款"林业行政处罚案件立案以后，经调查并报行政负责人审批"的相关规定明显矛盾。重要的是，被告虽然口头告知原告对其报案不予受(处)理，但未提供证据证明告知原告的详细内容和具体时间，原告作为主张其系被伐林木所有权人的当事人，在认为被告未履行法定职责的情况下，再次以书面形式向被告提出控告第三人的行为，被告亦应依法对原告的控告作出行政行为，并且，根据正当程序原则，原告享有及时知悉被告处理结果的相应权益。因此，被告的该主张不能成立。

案例108　安丰欣诉登封市森林公安局行政处罚案①

【裁判要点】

原告请求被告履行法定职责的理由成立，被告违法拒绝履行的，人民法院可以判决被告在一定期限内依法履行原告请求的法定职责；尚需被告调查或者裁量的，应当判决被告针对原告的请求重新作出处理。

【相关法条】

《中华人民共和国行政诉讼法》第七十二条、《最高人民法院关于适用<中华人民共和国行政诉讼法>的解释》第九十一条

【基本案情】

上诉人(原审被告)：登封市森林公安局

被上诉人(原审原告)：安丰欣

2017年3月2日、3月29日原告所种植的核桃树多次被他人砍伐，原告向被告报案，2018年9月6日，被告作出不予立案通知书，并向原告进行了送达。该通知书认定：东华镇安爻村村一组南坡被毁坏的核桃树20株、梨树6株、杏树3株(新栽)，均种植在东华镇安爻村一组南坡村集体的土地上，根据《中华人

---

① 河南省郑州市中级人民法院(2018)豫01行终1062号行政判决书。

民共和国森林法》及《河南省林业厅关于办理林业案件有关问题的批复》的有关规定，在争议土地上，或者在未经依法取得使用权的土地上强行栽种树木的行为，属民事侵权行为，不受法律保护，决定不予立案。原告不服，向本院提起行政诉讼。

【裁判结果】

1. 撤销被告作出的不予立案通知书；
2. 责令被告于判决生效后 60 日内对原告报警的事项依法作出处理。

【案例评析】

森林公安局具有依据《中华人民共和国森林法》的相关规定处理辖区内涉林行政案件和刑事案件的法定职责。《林业行政处罚程序规定》第二十四条规定，凡发现或者接到举报、控告、移送、上级交办、主动交代等违反林业法律、法规、规章的行为，应当填写《林业行政处罚登记表》，报行政负责人审批。对认为需要给予林业行政处罚的，在七日内予以立案；对认为不需要给予林业行政处罚的，不予立案。公安机关对于举报、控告不予立案的，应符合一定的条件。法律赋予森林公安机关保护林业资源的权力和职责，不能简单区分集体和个人的涉林财产，即使集体土地上林木被砍伐，亦应依法定程序办理相关手续才能砍伐。本案中，原告多次向被告登封市森林公安局报警，称其在东华镇安爻村一组南坡的树木被毁，要求被告进行处理。被告接到原告的报案后，对案件进行了调查，并于 2018 年 9 月 6 日作出不予立案通知书，该通知书仅对调查的相关事实进行了描述，未对该毁坏树木的行为是否违法进行认定，即笼统地适用《中华人民共和国森林法》和《河南省林业厅关于办理林业案件有关问题的批复》，并未对该案件不符合立案条件的具体原因和适用具体法律依据进行详细阐述，该不予立案通知书应认定为事实不清，主要证据不足，适用法律不当。

三、确认违法判决

行政行为有下列情形之一的，人民法院判决确认违法，但不撤销行政行为：

（1）行政行为依法应当撤销，但撤销会给国家利益、社会公共利益造成重大损害的；

（2）行政行为程序轻微违法，但对原告权利不产生实际影响的。

行政行为有下列情形之一，不需要撤销或者判决履行的，人民法院判决确认违法：

（1）行政行为违法，但不具有可撤销内容的；

（2）被告改变原违法行政行为，原告仍要求确认原行政行为违法的；

（3）被告不履行或者拖延履行法定职责，判决履行没有意义的。

人民法院判决确认违法的，可以同时判决责令被告采取补救措施；给原告造成损失的，依法判决被告承担赔偿责任。

案例 109　袁修兴诉通山县林业局不履行法定职责案①

【裁判要点】

行政行为涉及通知、送达等程序轻微违法，但对原告权利不产生实际影响的，人民法院判决确认违法。

【相关法条】

《中华人民共和国行政诉讼法》第七十四条、《最高人民法院关于适用<中华人民共和国行政诉讼法>的解释》第九十六条

【基本案情】

原告：袁修兴

被告：通山县林业局

上世纪 80 年代，通山县某村六组将"七弯立"处山林承包给袁知益经营管理，袁知益在该处林地上栽种了杉树。袁知益去世后，其妻子孟毛细不便于经营管理该处山林，将该处林地归还村组经营，而村组也未对该处林地再进行分配。2009 年袁氏三姐妹雇请孟凡炼等人到"七弯立"处砍伐杉树，为孟毛细做棺木。此后，袁知国认为自己系袁知益的胞弟，要求将"七弯立"的林地承包经营权划分到自己名下。2013 年，袁知国通过相关部门将"七弯立"处山林承包经营权登记在其子，即本案原告袁修兴名下。2017 年，袁氏三姐妹为给孟毛细搭建厨房，再次到"七弯立"处砍伐杉树。原告认为袁氏三姐妹的行为侵害了其合法权益，原告父亲袁知国于 2018 年 12 月 10 日向黄沙林业派出所举报，要求对袁氏三姐妹等人进行处罚，林业公安机关在收到举报后进行了登记和派员调查，认为袁氏三姐妹的行为符合所在地农村民俗习惯，且未用砍伐的杉木进行营利，故于 2019 年 3 月 14 日向通山县森林公安局呈请不予处罚报告书，但被告讨论后未形成决定书送达原告，原告认为通山县林业局没有履行法定职责，向法院提起诉讼。

【裁判结果】

确认被告履行职责不全面违法。

【案例评析】

第一，原告于 2018 年 12 月 10 日向被告提出举报。原告系"七弯立"林地的承包经营权人，袁氏三姐妹砍伐该林地上杉木后，原告向被告提交了书面申请，要求被告依法对侵权人作出处罚，被告已依法受理了投诉举报。第二，被告受理后未作出书面决定送达原告，根据《中华人民共和国行政诉讼法》第四十七条"公民、法人或者其他组织申请行政机关履行保护其人身权、财产权等合法权益的法定职责，行政机关在接到申请之日起两个月内不履行的，公民、法人或者其他组织可以向人民法院提起诉讼。法律、法规对行政机关履行职责的期限另有规定的，从其规定。"被告逾期未作出决定，存在履行职责不全面的违法行为。

---

① 湖北省通山县人民法院(2019)鄂 1224 行初 29 号行政判决书。

案例 110　东方城东长康环保砖厂诉东方市林业局行政处罚案①

【裁判要点】

行政机关没有对涉案违法行为进行立案审批属于程序轻微违法的情形，人民法院判决确认违法，但不撤销行政行为。

【相关法条】

《中华人民共和国行政诉讼法》第七十四条、《最高人民法院关于适用〈中华人民共和国行政诉讼法〉的解释》第九十六条

【基本案情】

原告：东方城东长康环保砖厂

被告：东方市林业局

被告东方市林业局于2018年9月21日作出《林业行政处罚决定书》，认定原告未经林业部门批准，于2011—2012年间擅自在东方市八所镇福久村东面占用林地内建砖厂，已占用林地面积为19.39亩，违反了《海南经济特区林地管理条例》第三十二条规定；根据《海南经济特区林地管理条例》第三十八条处以下行政处罚：(1)责令停止违法行为，限期3天内恢复原状；(2)处每平方米150元的罚款，共计150元/平方米×666.67平方米/亩×19.39亩＝1939009.70元。原告不服，提起行政诉讼。

【裁判结果】

确认被告作出的《林业行政处罚决定书》行为违法。

【案例评析】

本案涉及被告作出的《林业行政处罚决定书》程序是否合法的问题。被告提交了询问笔录、现场勘查笔录、行政处罚事先告知书和行政处罚听证告知书等证据材料，证明被告在作出处罚决定前经过了询问调查和取证，履行了相关告知义务，并依据当事人申请举行了听证。但根据《中华人民共和国行政处罚法》的一般程序规定，在初步调查程序之后发现违法行为，应当予以立案。被告提交的证据中没有立案审批材料。根据《最高人民法院关于适用〈中华人民共和国行政诉讼法〉的解释》第九十六条第一款第(三)项规定："有下列情形之一，且对原告依法享有的听证、陈述、申辩等重要程序性权利不产生实质损害的，属于《中华人民共和国行政诉讼法》第七十四条第一款第二项规定的程序轻微违法：(三)其他程序轻微违法的情形。"被告没有对涉案违法行为进行立案审批应属于对原告依法享有的听证、陈述、申辩等重要程序性权利不产生实质损害的程序轻微违法的情形，故根据《中华人民共和国行政诉讼法》第七十四条第一款第二项的规定，应确认被告行政处罚行为违法。

---

① 海南省东方市人民法院(2018)琼9007行初62号行政判决书。

案例 111　赵辉诉瓦房店市林业水利局行政处罚案①

【裁判要点】

行政行为程序轻微违法，但对原告权利不产生实际影响的，人民法院判决确认违法，但不撤销行政行为。

【相关法条】

《中华人民共和国行政诉讼法》第七十四条、《最高人民法院关于适用〈中华人民共和国行政诉讼法〉的解释》第九十六条

【基本案情】

上诉人（原审原告）：赵辉

被上诉人（原审被告）：瓦房店市林业水利局

瓦房店市林业水利局接到举报，于2015年12月30日受案，2017年11月2日制作《林业行政处罚立案登记表》决定立案，于2017年12月12日作出林业行政处罚决定书，认定：赵辉于2009年左右在未经县级以上人民政府林业主管部门审核同意的情况下，在瓦房店市谢屯镇大屯村小岛屯林地内建设海参育苗室一栋，擅自改变林地用途面积1631.5平方米。决定对其处以下行政处罚：(1)责令在收到林业行政处罚决定书之日起六个月内恢复原状。(2)处非法改变用途林地每平方米处30元罚款，共计罚款人民币48945元(1631.5平方米×30元/平方米=48945元)。该处罚决定书原告于2017年12月14日收到，原告不服向法院提起诉讼。

【裁判结果】

确认被告作出的林业行政处罚决定书的行为违法，但不撤销该行政行为。

【案例评析】

瓦房店市林业水利局于2015年12月30日受案，2017年11月2日制作《林业行政处罚立案登记表》决定立案，于2017年12月12日作出瓦林罚决字〔2017〕第47号林业行政处罚决定书。《林业行政处罚程序规定》第二十四条规定："凡发现或者接到举报、控告、移送、上级交办、主动交代等违反林业法律、法规、规章的行为，应当填写《林业行政处罚登记表》，报行政负责人审批。对认为需要给予林业行政处罚的，在七日内予以立案；对认为不需要给予林业行政处罚的，不予立案。"第三十四条规定，林业行政处罚案件自立案之日起，应当在一个月内办理完毕；经行政负责人批准可以延长，但不得超过三个月……超过法定期限办案，对原告依法享有的听证、陈述、申辩等重要程序性权利不产生实质损害的，属于行政诉讼法第七十四条第一款第二项规定的"程序轻微违法"。程序轻微违法，对原告权利不产生实际影响，应确认该行政行为违法但不撤销该行政行为。在海南万宁湾旅游开发有限公司诉万宁市林业局行政处罚案中②，万宁市林业局于2017年6月25日立案，至2017年8月9日才办理完毕，办理案件的期限同样超过了法定期限，违反法定程

---

①　辽宁省大连市中级人民法院(2019)辽02行终9号行政判决书、辽宁省庄河市人民法院(2018)辽0283行初69号行政判决书。

②　海南省万宁市人民法院(2018)琼9006行初4号行政判决书、海南省第一中级人民法院(2018)琼96行终169号行政判决书。

序,但是,万宁案法院判决撤销了《林业行政处罚决定书》,是因为万宁市林业局作出的林业行政处罚决定,除了超期结案之外,还存在认定事实不清的情形。同理可证,如果只有超期结案,法院应当作确认违法判决。

案例 112　京泉建材有限公司诉沙县生态综合执法局行政处罚案①

【裁判要点】

林业行政处罚听证结束后,听证主持人应当根据听证确定的事实和证据,依照有关法律、法规、规章对原拟作出的处罚决定及其事实、理由和依据进行复核,向林业行政主管部门行政负责人提出对听证案件处理的听证报告。

行政行为违反法定程序,但对原告依法享有的听证、陈述、申辩等重要程序性权利不产生实质损害的,属于程序轻微违法。

行政行为程序轻微违法,但对原告权利不产生实际影响的,人民法院判决确认违法,但不撤销行政行为。

【相关法条】

《林业行政处罚听证规则》第三十一条、《中华人民共和国行政诉讼法》第七十四条、《最高人民法院关于适用〈中华人民共和国行政诉讼法〉的解释》第九十六条

【基本案情】

原告:沙县京泉建材有限公司

被告:沙县生态综合执法局

原告在采挖石料过程中,未经林业主管部门批准,擅自在红线图以外将林地使用权人为某国有林场的部分山场一并采挖。经鉴定,原告实际占用林地面积为 6.45 亩(4300.22 平方米)。2018 年 12 月 23 日,沙县林业局将案件移送被告处理。被告受理后,于 2018 年 12 月 25 日向原告送达行政处罚先行告知书及行政处罚听证权利告知书,原告提出听证申请。2019 年 1 月 14 日,被告举行听证会。次日,经被告负责人同意后,被告向原告送达行政处罚决定书,决定对其处以责令限期恢复原状并处非法改变用途林地每平方米 30 元的罚款,即 4300.22 平方米×30 元/平方米=129006.60 元。原告认为被告作出行政处罚决定时未制作听证报告,且本案处罚金额达十二万多元,数额巨大,属于较重的行政处罚,应当经负责人集体讨论决定,但被告只是经过其主要负责人审批就作出了行政处罚决定,程序违法。被告认为制作听证报告系内部程序,而非本案必须证据,同时是否属于较重的行政处罚,也没有相关的明确规定。因此,本案未提交听证报告及未经行政机关负责人集体讨论并不违反法律规定。原告向法院提起行政诉讼。

【裁判结果】

确认被告作出行政处罚决定书的行政行为违法,但不撤销。

【案例评析】

关于原告提出的被诉行政处罚决定未制作听证报告、未经负责人集体讨论问

---

① 福建省沙县人民法院(2019)闽 0427 行初 1 号行政判决书。

题。根据行政诉讼法及其司法解释规定，被告对作出的行政行为负有举证责任，应当提供作出该行政行为的证据和所依据的规范性文件。所提供该行政行为的证据不仅包括作出该行政行为事实证据，还应当包括行政机关内部讨论、审批等程序性证据。另外，根据《林业行政处罚听证规则》第三十一条规定，听证结束后，听证主持人应当根据听证确定的事实和证据，依照有关法律、法规、规章对原拟作出的处罚决定及其事实、理由和依据进行复核，向林业行政主管部门行政负责人提出对听证案件处理的听证报告。因此，被告应制作拟作出案件处理的听证报告并在规定期限内向法院提交。同时，根据《中华人民共和国行政处罚法》第三十八条第二款规定，对情节复杂或者重大违法行为给予较重的行政处罚，行政机关的负责人应当集体讨论决定。被告根据《福建省林业厅关于印发林业行政处罚裁量规则和基准的通知》对原告处以按30元/平方米的顶格处罚，且罚款金额较大，应当属于《中华人民共和国行政处罚法》规定的较重行政处罚，该行政处罚应当经其负责人集体讨论决定。但在本案中，被告并未经负责人集体讨论决定便作出被诉行政处罚。综上，被告未制作听证报告、作出被诉行政处罚决定未经负责人集体讨论决定属程序违法。因该程序违法未对原告依法享有的听证、陈述、申辩等重要程序性权利产生实质损害，属于行政诉讼法规定的"行政行为程序轻微违法，但对原告权利不产生实际影响"的情形，故法院确认被告作出的行政处罚决定程序轻微违法，但不撤销。

案例113　王泽波诉镇沅彝族哈尼族拉祜族自治县林业局行政处罚案①

【裁判要点】

行政行为程序轻微违法，但对原告权利不产生实际影响的，人民法院判决确认违法，但不撤销行政行为。

【相关法条】

《中华人民共和国行政诉讼法》第七十四条、《最高人民法院关于适用〈中华人民共和国行政诉讼法〉的解释》第九十六条

【基本案情】

上诉人（原审原告）：王泽波

被上诉人（原审被告）：镇沅彝族哈尼族拉祜族自治县林业局

2017年8月7日，被告接报后进行调查，发现原告培育核桃苗木未取得种子生产经营许可证，并于2017年8月10日立案调查处理。2017年11月16日，被告对原告作出05号《责令改正通知书》，责令原告于2017年11月30日前对"在振太镇文东村租地培植核桃苗木，未取得种子生产经营许可证生产经营种子"整改完毕，逾期不整改，依法给予行政处罚。由于原告未按时整改，2018年1月5日、10日，被告向原告送达了《行政处罚事先告知书》和《行政处罚听证权利告知书》，告知了原告依法享有的陈述、申辩权利和申请听证等救济权利，原告在法定期限内未申请听证。2018年5月7日，被告作出05号《林业行政处罚决定

---

① 云南省普洱市中级人民法院（2018）云08行终4号行政判决书、云南省普洱市景谷傣族彝族自治县人民法院（2018）云0824行初15号行政判决书。

书》，决定对原告作出"1. 责令改正违法行为；2. 对违法培植的苗木予以没收；3. 并处货值金额4倍的罚款：21.16万元×4倍＝84.64万元"的行政处罚。原告以被告对其进行行政处罚错误，提起行政诉讼。

【裁判结果】

确认被告作出05号《林业行政处罚决定书》行政行为程序轻微违法，但依法不撤销行政行为。

【案例评析】

05号《林业行政处罚决定书》认定事实清楚、证据充分、适用法律法规正确。但是存在程序违法之处，根据《林业行政处罚程序规定》第三十四条规定："林业行政处罚案件自立案之日起，应当在一个月内办理完毕；经行政负责人批准可以延长，但不得超过三个月；特殊情况下三个月内不能办理完毕的，报经上级林业行政主管部门批准，可以延长。"本案中被告于2017年8月10日立案，2018年5月7日作出05号《林业行政处罚决定书》，历时8个月27天，计算办案批准的延长期限和扣除涉案苗木价格鉴定时间，办案期限仍然超过了法定办案期限，属于处理期限轻微违法。根据《最高人民法院关于适用〈中华人民共和国行政诉讼法〉的解释》第九十六条第一款第一项规定，处理期限轻微违法属于《中华人民共和国行政诉讼法》第七十四条第一款第二项规定的"程序轻微违法"，根据《中华人民共和国行政诉讼法》第七十四条第一款第二项规定，行政行为程序轻微违法，但对原告权利不产生实际影响的，人民法院判决确认违法，但不撤销行政行为。

通过对林业行政处罚程序违法诉讼案件的分析，可以发现林业行政执法实践仍然存在法治意识、法治思维不强，依法行政能力不足等问题。2015年5月1日实施的新《中华人民共和国行政诉讼法》对行政处罚权的行使提出了更高要求，行政机关败诉的风险系数必将随之加大。原来对程序有轻微瑕疵的行政行为，法院往往判决驳回原告的诉讼请求，并要求行政机关自行补正。根据新《中华人民共和国行政诉讼法》，行政行为存在轻微程序违法，虽然未对行政相对人权益造成实质损害，仍可能会被法院确认违法。这对行政机关的程序合法化提出了更高的要求。因此，规范林业执法行为，提升林业执法能力，显得尤为重要。

案例114　黄德炎诉藤县林业局行政处罚案①

【裁判要点】

被告在一审期间改变被诉行政行为的，应当书面告知人民法院。

被告改变原违法行政行为，原告仍要求确认原行政行为违法的，人民法院应当依法作出确认判决。

【相关法条】

《最高人民法院关于适用〈中华人民共和国行政诉讼法〉的解释》第八十一条

【基本案情】

原告：黄德炎

---

① 广西壮族自治区藤县人民法院(2018)桂0422行初13号行政判决书。

被告：藤县林业局
被告：梧州市林业局

2018年1月，原告在没有办理林木采伐许可证的情况下，砍伐该村其责任田边上的林木。2018年3月16日，藤县林业局依据《中华人民共和国森林法》第三十二条、《中华人民共和国森林法实施条例》第三十九条的规定，对原告作出《林业行政处罚决定书》，原告不服，向梧州市林业局申请行政复议，梧州市林业局于2018年6月21日作出《林业行政复议决定书》，认为藤县林业局作出的《林业行政处罚决定书》认定事实清楚，证据充分，适用法律准确，程序合法，量罚适当，决定予以维持。原告仍不服，向法院提起诉讼。在诉讼过程中，藤县林业局以其行政程序不当为由，自行撤销了其于2018年3月16日作出的《林业行政处罚决定书》，但原告不同意撤回起诉。

【裁判结果】
(1)确认被告藤县林业局于2018年3月16日作出的《林业行政处罚决定书》违法；
(2)确认被告梧州市林业局2018年6月21日作出的《林业行政复议决定书》违法。

【案例评析】
本案在诉讼过程中，被告藤县林业局以其行政程序不当为由，自行撤销了被诉的行政行为，根据《最高人民法院关于适用〈中华人民共和国行政诉讼法〉的解释》第八十一条的规定："被告改变原违法行政行为，原告仍要求确认原行政行为违法的，人民法院应当依法作出确认判决。"第一百三十六条："人民法院对原行政行为作出判决的同时，应当对复议决定一并作出相应判决。"本案原告不同意撤回起诉，故本案应作出确认两被告作出的行政行为违法的判决。

案例115　远洋理石矿厂诉丹江口市林业局行政许可案①

【裁判要点】
被告不履行或者拖延履行法定职责，判决履行没有意义的，人民法院判决确认违法。

【相关法条】
《中华人民共和国行政诉讼法》第七十四条第二款

【基本案情】
上诉人(一审原告)：丹江口市远洋理石矿厂
上诉人(一审被告)：丹江口市林业局

原告是从事大理石开采、销售的企业。2014年4月2日，被告作出《关于临时使用林地的批复》，使用期限为两年(2014年4月2日至2016年4月1日)。2016年3月26日被告法定代表人向被告下属凉水河林业管理站提交延期使用林地申请书，凉水河林业管理站的工作人员收到申请后，以不归林业站管为由未予处理，未将申请退回远洋矿厂，亦未向远洋矿厂作出书面答复。2017年4月，原告以被告不予审批延期使用林地，向丹江口市信访部门反映，2017年6月，被告

---

① 湖北省十堰市中级人民法院(2018)鄂03行终20号行政判决书。

作出《信访事项处理意见书》，答复因原告申请的林地属于国家一级生态公益林，不符合使用条件，不能许可。原告向法院请求：确认被告在法定期限内，未对原告延续临时使用林地的申请履行行政许可审查与决定的行为违法。

【裁判结果】

确认被告对原告延续临时使用林地的申请未作出决定的行政行为违法。

【案例评析】

原告在临时使用林地许可到期前请求被告批准延期使用林地手续。该申请属于被告的行政职责范围，被告应依法作出相应的行政决定。但被告既未向原告作出书面决定，也无充分证据证明已向原告进行了相关告知，应视为被告未对原告的申请作出答复，其行为已构成不履行法定职责。被告虽然于2017年6月针对原告向市信访部门的投诉，作出《信访处理意见书》。但该函件主要是对信访投诉事项的答复，其格式、程序不符合《中华人民共和国行政许可法》的规定，不是具体行政行为，不可视为被告已履行了上述规定的法定职责。

被告以案涉林地为国家一级生态林为由，不能延续许可。但是，此理由并非被告怠于启动行政许可受理和审查程序的正当事由，仅是其作出是否准予行政许可决定时考虑的重要因素。故被告怠于履职明显违背行政许可法等规定。因国家生态林政策所致不能延续许可属于法律上的不能，判决责令被告履行职责已无实际意义的，依法应作出确认被诉行政行为违法的判决。

案例116　彭仕平诉龙川县公安局森林分局信息公开案①

【裁判要点】

被告不履行或者拖延履行法定职责，判决履行没有意义的，人民法院判决确认违法。

【相关法条】

《中华人民共和国行政诉讼法》第七十四条第二款

【基本案情】

原告：彭仕平

被告：龙川县公安局森林分局

2016年12月1日，原告通过EMS邮政专递方式向被告邮寄《政府信息公开申请书》，申请公开编号为16015号的行政处罚决定书，邮政专递的收件人为负责人、局长，邮寄地址为龙川县老隆镇隆兴路1号。2016年12月2日，该邮件由"办公室"签收。被告收到原告提出的申请后，至提起诉讼前未对原告的申请作出书面答复。原告于2017年7月14日向法院提起行政诉讼，请求判令：被告依原告申请公开编号为16015号行政处罚决定书。在诉讼期间，被告称其已于2016年12月13日撤销16015号《林业行政处罚决定书》，并提供了《行政处罚撤销决定书》。

【裁判结果】

确认被告对原告政府信息公开申请未在法定期限内履行答复职责违法。

---

① 广东省东源县人民法院(2017)粤1625行初114号行政判决书。

【案例评析】

《中华人民共和国信息公开条例》第二十四条规定:"行政机关收到政府信息公开申请,能够当场答复的,应当当场予以答复。行政机关不能当场答复的,应当自收到申请之日起15个工作日内予以答复;如需延长答复期限的,应当经政府信息公开工作机构负责人同意,并告知申请人,延长答复的期限最长不得超过15个工作日……"[1]本案中,被告于2016年12月2日收到原告提出的政府信息公开申请后,应在法定的期限内予以答复,但迟至诉讼期间才答复称16015号《林业行政处罚决定书》已经被撤销,违反了上述行政法规规定。被告辩称从无收到原告邮寄的政府信息公开申请书,但是,从原告邮寄的邮政专递来看,其收件人为负责人、局长,邮寄地址为龙川县老隆镇隆兴路1号,而且该邮件显示由"办公室"签收,可以证实被告确已收到了原告的政府信息公开申请。鉴于被告在诉讼期间答复称16015号《林业行政处罚决定书》已经被撤销,即被告对原告政府信息公开申请作出了答复,责令被告继续履行政府信息公开申请答复职责已经没有意义,根据《中华人民共和国行政诉讼法》第七十四条第二款第(三)项规定的"行政行为有下列情形之一,不需要撤销或者判决履行的,人民法院判决确认违法:……(三)被告不履行或者拖延履行法定职责,判决履行没有意义的",应当确认被告对原告政府信息公开申请未在法定期限内履行答复职责违法。

案例117 岑明强诉凤冈县林业局行政许可案[2]

【裁判要点】

行政行为违法,但不具有可撤销内容的,人民法院判决确认违法。

人民法院判决确认违法的,可以同时判决责令被告采取补救措施;给原告造成损失的,依法判决被告承担赔偿责任。

【相关法条】

《中华人民共和国行政诉讼法》第七十四条、第七十六条

【基本案情】

原告:岑明强

被告:凤冈县林业局

2015年5月,原告以其房屋周边和林地里的10株枫香树,危及其人身和财产安全为由,向石径乡林业站提交采伐申请,石径乡林业站将原告的申请及相关资料报被告。被告对原告申请采伐的树木进行了实地查验和检尺,认为危及原告住房安全的有6株枫香树,活立木蓄积量为6.86立方米。同年5月22日,被告向遵义市林业局报批。2015年11月24日,贵州省林业厅作出497号《省林业厅

---

[1] 案例中的《中华人民共和国信息公开条例》第二十四条已经被修订。《中华人民共和国信息公开条例》(2007年4月5日中华人民共和国国务院令第492号公布,2019年4月3日中华人民共和国国务院令第711号修订)第三十三条第二款:行政机关不能当场答复的,应当自收到申请之日起20个工作日内予以答复;需要延长答复期限的,应当经政府信息公开工作机构负责人同意并告知申请人,延长的期限最长不得超过20个工作日。

[2] 贵州省正安县人民法院(2017)黔0324行初2号行政判决书。

关于追加凤冈县天然公益集体林采伐限额的批复》，同意追加凤冈县天然公益集体林采伐限额7立方米，用于凤冈县石径乡两河口村村民岑明强房屋周围危树处理。被告收到该批复后，于2015年11月27日作出001号采伐许可证，并于2015年11月28日交给石径乡林业站，委托其送达原告。

2015年12月24日，原告到石径乡林业站，在001号采伐许可证上签注"今领人岑明强2015.12.24"。

2017年1月5日，原告以被告未依法送达001号采伐许可证的行为违法为由，诉至法院，要求判决确认违法。

【裁判结果】

(1)确认被告未依法送达001号《林木采伐许可证》的行为违法；(2)责令被告采取补救措施。

【案例评析】

本案争议的主要焦点，就是被告作出的001号采伐许可证是否依法送达？被告于2015年11月27日作出001号采伐许可证后，次日即委托石径乡林业站，送达该行政许可。根据《中华人民共和国行政许可法》第六条"实施行政许可，应当遵循便民的原则，提高办事效率，提供优质服务"的规定，以及《林业工作站管理办法》第(十二)项"承担县级林业行政主管部门委托的其他事项"的规定，被告通过石径乡林业站接受原告的林木采伐申请，并委托石径乡林业站送达001号采伐许可证，符合法律规定。但其行为的后果，应当由委托人凤冈县林业局承担。根据《中华人民共和国行政许可法》第四十四条"行政机关作出准予行政许可的决定，应当自作出决定之日起十日内向申请人颁发、送达行政许可证件，或者加贴标签、加盖检验、检测、检疫印章"的规定，行政许可证件在作出决定之日起十日内送达申请人后，行政许可才实施完毕。001号采伐许可证许可采伐树木的期限为2015年11月28日至同年12月25日。无证据证明石径乡林业站在法定时间内将001号采伐许可证送达了原告，现有证据只能证明原告于2015年12月24日到石径乡林业站签收了001号采伐许可证，即在采伐许可期限届满前一日送达，显然不符合《中华人民共和国行政许可法》第四十四条的规定，也导致原告不能在许可采伐树木的期限内，合理安排采伐事宜，对此，被告应当采取补救措施。该行政行为违法，但不具有可撤销的内容。

四、确认无效判决

行政行为有实施主体不具有行政主体资格或者没有依据等重大且明显违法情形，原告申请确认行政行为无效的，人民法院判决确认无效。有下列情形之一的，属于"重大且明显违法"：

(1)行政行为实施主体不具有行政主体资格；

(2)减损权利或者增加义务的行政行为没有法律规范依据；

(3)行政行为的内容客观上不可能实施；

(4)其他重大且明显违法的情形。

人民法院判决确认无效的，可以同时判决责令被告采取补救措施；给原告造成损失的，依法判决被告承担赔偿责任。

五、变更判决

行政处罚明显不当，或者其他行政行为涉及对款额的确定、认定确有错误的，人民法院可以判决变更。

人民法院判决变更，不得加重原告的义务或者减损原告的权益。但利害关系人同为原告，且诉讼请求相反的除外。

案例118　任国志诉阿鲁科尔沁旗森林公安局行政处罚案①

【裁判要点】

行政处罚明显不当，或者其他行政行为涉及对款额的确定、认定确有错误的，人民法院可以判决变更。

人民法院判决变更，不得加重原告的义务或者减损原告的权益。

【相关法条】

《中华人民共和国行政诉讼法》第七十七条

【基本案情】

原告：任国志

被告：阿鲁科尔沁旗森林公安局

2018年2月7日原告流转承包了杨佰海承包的柠条锦鸡儿林地，承包后原告告诉手下人员用收割机将承包杨佰海柠条林地收割，2018年3月6日用收割机收割柠条346.8亩，2018年3月9日新民乡政府工作人员向被告报警称在涉案林地有毁坏林木行为发生，被告调查后立案，并于2018年4月9日对原告作出了责令停止违法行为、2018年5月30日前补种树木2213988株、罚款341340元的行政处罚，原告向法院提起行政诉讼，要求撤销行政处罚决定。

【裁判结果】

变更行政处罚决定第三项罚款341340元为罚款68268元。

【案例评析】

1. 行政处罚有法律依据

《中华人民共和国森林法》第二十三条"禁止毁林开垦和毁林采石、采砂、采土以及其他毁林行为。"《中华人民共和国森林法实施条例》第二十一条"禁止毁林开垦、毁林采种和违反操作技术规程采脂、挖笋、掘根、剥树皮及过度修枝的毁林行为。"《中华人民共和国森林法实施条例》第四十一条第一款"违反本条例规定，毁林采种或者违反操作技术规程采脂、挖笋、掘根、剥树皮及过度修枝，致使森林、林木受到毁坏的……由县级以上人民政府林业主管部门责令停止违法行为，补种毁坏株数1倍至3倍的树木，可以处毁坏林木价值1倍至5倍的罚款；拒不补种树木或者补种不符合国家有关规定的，由县级以上人民政府林业主管部

---

① 内蒙古自治区巴林左旗人民法院(2018)内0422行初104号行政判决书。

门组织代为补种，所需费用由违法者支付。"柠条虽然不是实际意义上的林木，但中华人民共和国林业行业标准中对柠条锦鸡儿的平茬有明确的规定，《柠条锦鸡儿平茬技术规则》"3.4 设计标准：设计对象为经县级以上林业部门批准可以平茬的区域。特种用途林、特种保护地段或降水量 200mm 以下地区柠条锦鸡儿灌木林一般不宜进行平茬作业"，原告没有经过有关部门的批准擅自大面积平茬柠条锦鸡儿，明显违背了上述规定，依法应当受到相应的处罚，被告依据《中华人民共和国森林法实施条例》第四十一条第一款对原告予以处罚正确。

2. 行政处罚明显不当

原告没有经过有关部门的批准擅自大面积平茬柠条锦鸡儿，违背了《柠条锦鸡儿平茬技术规则》的规定，但柠条锦鸡儿是一种自主再生的能源，原告的行为没有造成土壤的破坏，也没有造成环境的破坏，被告对原告依据《中华人民共和国森林法实施条例》四十一条的规定以毁坏林木价值 5 倍的罚款处罚明显不当，应当予以纠正。

案例 119　魏殿军诉磐石市林业局行政处罚案①

【裁判要点】

行政处罚明显不当的，人民法院可以判决变更。人民法院判决变更，不得加重原告的义务或者减损原告的权益。

【相关法条】

《中华人民共和国行政诉讼法》第七十七条

【基本案情】

原告：魏殿军

被告：磐石市林业局

2018 年 7 月 28 日，原告雇佣刘某驾驶汽车运输落叶松板方三米长材 1536 根，四米长材 1920 根，途经磐石市取材河木材检查站时，执法人员在执法检查时发现该批木材没有《植物检疫证书》，原告的行为违反了《吉林省森林植物检疫实施办法》第十九条第一款的规定，已构成违法。被告依据《吉林省森林植物检疫实施办法》第二十六条第三款的规定，作出没收调运未取得《植物检疫证书》旧板方材 3456 根，28.5686 立方米的行政处罚决定。原告不服，提起行政诉讼。

【裁判结果】

变更被告作出的林业行政处罚决定对原告没收调运未取得《植物检疫证书》旧板方材 3456 根，28.5686 立方米为罚款人民币 2000 元。

【案例评析】

原告调运未取得《植物检疫证书》旧板方材 3456 根，28.5686 立方米事实清楚，证据确凿，被告应当对原告的违法行为予以行政处罚，但是被告对原告处以没收的行政处罚过于严厉，应予调整。依照《中华人民共和国行政诉讼法》第七十七条、《吉林省森林植物检疫实施办法》第二十六条第一款的规定，将行政处罚由没收变更为罚款。

---

① 吉林省磐石市人民法院(2018)吉 0284 行初 36 号行政判决书。

案例 120　罗会明诉九江市濂溪区林业局行政处罚案①

【裁判要点】

当事人有主动消除或者减轻违法行为危害后果情形的,应当依法从轻或者减轻行政处罚。

行政处罚明显不当的,人民法院可以判决变更。人民法院判决变更,不得加重原告的义务或者减损原告的权益。

【相关法条】

《中华人民共和国行政处罚法》第二十七条、《中华人民共和国行政诉讼法》第七十七条

【基本案情】

上诉人(原审原告):罗会明

被上诉人(原审被告):九江市濂溪区林业局

原告承包了姑塘镇老海关周边荒滩,及通往海关的道路及亭子山建设绿化工程。自 2015 年起,原告雇佣他人挖取亭子山南侧的山脚填埋亭子山南侧的荒滩湿地,并且将购买来的砂石堆放在亭子山南侧的荒滩湿地。经鉴定,原告填埋湿地共计 17600 平方米。被告经过调查后,于 2017 年 6 月 20 日作出林业行政处罚决定书,对原告处以"(1)鉴于当事人不能切实履行恢复湿地义务,由当地政府牵头代为恢复,所需费用由违法个人承担;(2)并处每平方米 50 元的罚款,计人民币捌拾捌万元整(¥880000 元)"的行政处罚。原告不服,向法院提起行政诉讼。

二审期间,上诉人罗会明与九江市濂溪区姑塘镇人民政府签订协议书,约定由上诉人罗会明自 2018 年 10 月 8 日签订协议之日起至 2039 年 12 月 31 日止对其承包的山体及湖滩湿地等生态环境进行修复及维护,接受姑塘镇人民政府监督和指导,并承担相关费用。后上诉人罗会明主动向九江市濂溪区财政局缴纳了修复山体及湖滩湿地费用 41247.00 元。

【裁判结果】

二审变更被上诉人九江市濂溪区林业局作出的林业行政处罚决定书主文第 2 项"并处每平方米 50 元的罚款,计人民币捌拾捌万元整(880000 元)"为"并处每平方米 40 元的罚款,计人民币柒拾万肆仟元整(704000 元)"。

【案例评析】

依照《中华人民共和国行政处罚法》第二十七条规定:"当事人有下列情形之一的,应当依法从轻或者减轻行政处罚:(一)主动消除或者减轻违法行为危害后果的……(四)其他依法从轻或者减轻行政处罚的。"本案二审期间,上诉人罗会明积极缴纳修复山体及湿地费用;罗会明与姑塘镇人民政府签订生态修复协议书,该协议书约定自 2018 年 10 月 8 日起至 2039 年 12 月 31 日止,由罗会明积极修复和保护其承包的山林、湖滩湿地,姑塘镇人民政府负责修复巡查及上报工作。由于上诉人

---

① 江西省九江市中级人民法院(2018)赣 04 行终 106 号行政判决书、江西省庐山人民法院(2018)赣 0491 行初 2 号行政判决书。

罗会明自身环境保护意识较为淡薄，实施了破坏生态环境的违法行为，但其积极配合行政机关调查，悔过态度明显，弥补行为积极，并且自愿继续自费修复和维护亭子山生态环境。鉴于此，按照行政处罚"过罚相当"原则，仍对上诉人罗会明按照每平方米 50 元标准施以顶格处罚，明显不当，故法院依据《中华人民共和国行政诉讼法》第七十七条规定决定适当减少被上诉人九江市濂溪区林业局针对罗会明作出的罚款金额。根据《江西省林业行政处罚自由裁量权参照执行标准》第三章第五节关于在重要湿地内从事禁止性行为的细化标准之规定，擅自以围（开）垦、填埋、挖塘方式破坏重要湿地面积超过五百平方米的，处以每平方米 40 元以上 50 元以下罚款。本案中，上诉人罗会明具有事后积极修复和后续维护承诺等行为，按照每平方米处以 40 元的罚款为宜，总计罚款 704000 元。

附 录

最高院最高检林业行政公益诉讼典型案例

一、最高人民法院案例

1. 江苏省宿迁市宿城区人民检察院诉沭阳县农业委员会不履行林业监督管理法定职责行政公益诉讼案

——最高人民法院生态环境保护典型案例(发布时间：2019年3月2日)

【基本案情】

2016年1至3月，仲兴年于沭阳县七处地点盗伐林木444棵，立木蓄积量122余立方米。其中在沭阳县林地保护利用规划范围内盗伐杨树合计253棵。2017年3月7日，沭阳县人民法院以盗伐林木罪判处仲兴年有期徒刑七年六个月，并处罚金3万元，追缴违法所得2.4万元。2017年9月29日，江苏省宿迁市宿城区人民检察院(以下简称宿城区检察院)向沭阳县农业委员会(以下简称沭阳农委)发送检察建议，督促沭阳农委对仲兴年盗伐林木行为依法处理，确保受侵害林业生态得以恢复。沭阳农委于2017年10月16日、12月15日两次电话反映该农委无权对仲兴年履行行政职责，未就仲兴年盗伐林木行为进行行政处理，案涉地点林地生态环境未得到恢复。2018年3月27日，沭阳农委仅在盗伐地点补植白蜡树苗180棵。

【裁判结果】

江苏省宿迁市宿城区人民法院一审认为，沭阳农委作为沭阳县林业主管部门，对案涉盗伐林木等违法行为负有监督和管理职责。仲兴年在林地保护利用规划范围内盗伐林木，不仅侵害了他人林木所有权，也损害了林木的生态效益和功能。宿城区检察院经依法向沭阳农委发送检察建议，督促沭阳农委依法履职无果后，提起行政公益诉讼，符合法律规定。仲兴年因盗伐林木行为已被追究的刑事责任为有期徒刑、罚金、追缴违法所得，不能涵盖补种盗伐株数十倍树木的行政责任。沭阳农委收到检察建议书后未责令仲兴年补种树木，其嗣后补种的株数和代履行程序亦不符合法律规定，未能及时、正确、完全履行法定职责。一审法院判决确认沭阳农委不履行林业监督管理法定职责的行为违法，应依法对仲兴年作出责令补种盗伐253棵杨树十倍树木的行政处理决定。

【典型意义】

本案是检察机关提起的涉林业行政公益诉讼。林木除具有经济价值外，还具有涵养水源、防风固沙、调节气候以及为野生动物提供栖息场所等生态价值。任何组织和个人均有义务保护林业生态环境安全。林业行政主管部门更应恪尽职守，依法履职。《中华人民共和国森林法》第三十九条规定："盗伐森林或者其他林木的，依法赔偿损失；由林业主管部门责令补种盗伐株数十倍的树木，没收盗伐的林木或者变卖所得，并处盗伐林木价值三倍以上十倍以下的罚款。滥伐森林或者其他林木，由林业主管部门责令补种滥伐株数五倍的树木，并处滥伐林木价值二倍以上五倍以下的罚款。拒不补种树木或者补种不符合国家有关规定的，由林业主管部门代为补种，所需费用由违法者支付。盗伐、滥伐森林或者其他林木，构成犯罪的，依法追究刑事责任。"林业纠纷案件多具融合性，同一违法行为往往涉及刑事、民事和行政不同法律责任。本案的正确审理，有助于进一步厘清涉林业检察公益诉讼中刑事责任、行政责任以及民事责任的关系和界限，依法全面保护林业生态环境安全。本案审理法院还组织省市县三级120余家行政执法机关的150余名工作人员以及10位人大代表、政协委员旁听庭审，起到了宣传教育的良好效果。

2. 云南省剑川县人民检察院诉剑川县森林公安局怠于履行法定职责行政公益诉讼案

——人民法院环境资源审判保障长江经济带高质量发展典型案例（发布时间：2018年11月28日）

【基本案情】

2013年1月，剑川县居民王寿全受玉鑫公司的委托在国有林区开挖公路，被剑川县红旗林业局护林人员发现并制止。剑川县林业局接报后交剑川县森林公安局进行查处，剑川县森林公安局于2013年2月27日向王寿全送达剑川县林业局剑林罚书字[2013]第288号林业行政处罚决定书，决定对王寿全及玉鑫公司给予责令限期恢复原状和罚款的行政处罚。玉鑫公司交纳罚款后剑川县森林公安局即予结案。其后直到2016年11月9日，剑川县森林公安局没有督促玉鑫公司和王寿全履行"限期恢复原状"的义务，所破坏的森林植被没有得到恢复。2016年11月9日，剑川县人民检察院发出检察建议，建议剑川县森林公安局依法履行职责，认真落实行政处罚决定，采取有效措施，恢复森林植被。剑川县森林公安局回复，民警曾到王寿全家对责令限期恢复原状进行催告，鉴于王寿全死亡，执行终止。剑川县森林公安局未向玉鑫公司发出催告书。剑川县人民检察院提起行政公益诉讼，请求确认剑川县森林公安局怠于履行法定职责的行为违法，判令剑川县森林公安局在一定期限内履行法定职责。

【裁判结果】

云南省剑川县人民法院一审认为，剑川县人民检察院提起行政公益诉讼，符合起诉条件。本案中，剑川县森林公安局在查明玉鑫公司及王寿全擅自改变林地用途的事实后，以剑川县林业局名义作出行政处罚决定符合法律规定。但在玉鑫公司缴纳罚款后三年多的时间里，剑川县森林公安局没有督促玉鑫公司和王寿全对受到破坏的林地恢复原状，也没有代为履行，致使玉鑫公司和王寿全擅自改变的林地至今没有恢复原状，且未提供证据证明有相关合法、合理的事由，其行为显然不当，属于怠于履行法定职责的行为。一审法院依法支持了人民检察院的诉讼请求。

【典型意义】

本案系检察机关为依法督促行政机关履行监管职责提起的环境行政公益诉讼。长江源头林草资源对于促进长江上游水土保持和水源涵养意义重大，长江上游人民法院应充分发挥审判职能作用，服务和保障长江源头生态环境治理和林草资源保护。本案中，剑川县森林公安局在玉鑫公司缴纳罚款后即予结案，其后三年多时间里没有督促玉鑫公司和王寿全对受到破坏的林地恢复原状，也没有代为履行，致使被擅自改变用途的林地没有恢复原状。人民法院依法责令剑川县森林公安局继续履行法定职责，对于督促行政机关全面履行监管职责，积极开展生态修复、确保森林植被恢复具有典型意义。

3. 湖北省宜昌市西陵区人民检察院诉湖北省利川市林业局不履行法定职责行政公益诉讼案

——人民法院服务保障新时代生态文明建设典型案例（发布时间：2018年6月4日）

【基本案情】

溜子湾公司在申请续办使用林地手续尚未获得审批期间，违法占用林地进行矿石开采作业。利川市林业局在专项清查中发现溜子湾公司违法占用林地，遂作出林业行政执法行为，督促溜子湾公司停止露天焚烧煤矸石，并将所占林地恢复林业生产条件和植被。2015年12月14日，利川市人民法院针对溜子湾公司法定代表人朱耀刚非法占用林地犯罪作出刑事判决。在办理刑事案件过程中，利川市人民检察院发现溜子湾公司除非法占用林地进行开采外，还违反《建设项目环境影响报告表》和利川市环境保护局审批意见的要求，采用露天焚烧煤矸石的生产工艺，直接向空气中排放大量气体污染物，导致开采区及周边影响区林木死亡及受损。但利川市林业局实施的行政执法行为和对朱耀刚的刑事处罚均仅限于溜子湾公司违法占用林地的开采区内，并未针对因煤矸石露天焚烧熏死的影响区林木采取任何行政执法措施。利川市人民检察院于2016年10月14日向利川市林业局发出《检察建议书》。利川市林业局收到检察建议后虽多次组织相关单位和人员到开采区检查、督办煤矸石熄灭和植被恢复等工作，但对影响区林木的损毁问题仍未依法履行职责。由于溜子湾公司开采区燃烧的煤矸石未熄灭且持续向周边林木散发有害气体，58419平方米（87.7亩）影响区内仍有大片被有害气体熏死的林木，2016年12月28日，宜昌市西陵区人民检察院经指定管辖提起行政公益诉讼。

【裁判结果】

湖北省宜昌市西陵区人民法院一审认为，溜子湾公司露天焚烧煤矸石的行为致使影响区森林资源受到毁坏，涉及生态环境和林业资源保护，应属于国家利益和社会公共利益受到侵害；利川市人民检察院发出《检察建议书》履行诉前程序后，利川市林业局未履行监管职责,焚烧煤矸石的火源仍未熄灭,并持续向空中散发有害气体,导致国家利益和社会公共利益持续处于受侵害的状态。据此,宜昌市西陵区人民检察院经指定管辖提起行政公益诉讼符合相关法律法规的规定。根据《中华人民共和国森林法》和《中华人民共和国大气污染防治法》相关规定,因露天焚烧煤矸石分别造成大气污染和森林、林木受到毁坏的,系违反不同法律规定,造成不同损害后果,理应由林业主管部门和环境保护主管部门各司其职,依法履行其相应的管理和监督职责。本案影响区的森林属于利川市林业局的管辖范围,监管该片被毁林地及督促植被恢复系利川市林业局的职责。溜子湾公司焚烧煤矸石产生的物质与影响区林木的死亡存在因果关系,利川市林业局仅就开采区作出处理,却未针对被毁坏的影响区林木作出林业行政管理和监督的行为,而仅仅将之移送环境保护主管部门查处,构成怠于履行监管职责。一审法院判决:责令利川市林业局对溜子湾公司非法焚烧煤矸石毁坏森林的行为依法履行职责。一审判决已发生法律效力。

【典型意义】

本案系跨行政区划审理的环境行政公益诉讼案件,对于污染行为涉及多个行政主管部门职责情况下督促行政机关依法履行各自监管职责具有示范意义。本案依据《中华人民共和国森林法》和《中华人民共和国大气污染防治法》相关规定,明确了当同一违法行为对不同性质的环境、资源造成损害时,不同行政部门应在各自的管辖范围内承担监管之责,对特定资源负有监管职责的行政机关推诿塞责、简单将案件移送其他部门处理的行为亦属于行政不作为的范畴。尽管利川市林业局曾经针对案涉开采区作出过行政执法行为,但因其未继续、全面地履行监管职责,致使影响区的森林环境仍持续受到侵害,本案判决认定其未完全履行法定职责并判令其继续履职,对促进行政机关依法、及时、全面履行行政职责,切实保护国家利益和社会公共利益具有积极作用。

二、最高人民检察院案例

1. 湖北省宜昌市长江岸线林地保护行政公益诉讼案
——服务保障长江经济带发展第二批典型案例(发布时间:2019年11月21日)

【关键词】

行政公益诉讼　长江岸线林地保护　跨区域案件　指定管辖　刑事与行政法律责任关系

【要旨】

行政相对人破坏环境资源承担了刑事法律责任,并不能免除其行政法律责任。行政执法部门将破坏环境资源犯罪线索移送刑事侦查,仍需继续履行其他监管职责,以达到维护公益的目的。对于多个基层检察机关均有管辖权的,上级检察机关可以根据相关情况,从有利于执法办案、有利于解决问题的角度,确定管辖的检察机关。

【基本案情】

2013年2月至2017年3月,湖北某公司及法定代表人黄某、项目负责人徐某在未办理审批手续的情况下,在宜昌市枝江市白洋镇易顺矿业码头旁长江岸边占用林地开挖砂石,平整土地,建设堆货场扩充码头,造成39.708亩林地严重毁坏。该码头系2010年1月21日湖北易顺矿业有限公司与枝江市人民政府签订协议建设,但一直未取得港口经营许可证合规经营。因2013年4月1日起白洋镇由枝江市划归宜昌市高新技术产业开发区整体托管,该违法行为一直未得到有效监管。2017年3月20日,宜昌市高新技术产业开发区综合执法局(以下简称"高新区综合执法局")针对违法毁林行为向行政相对人下达《责令停止林业违法行为通知书》,并将本案移交公安机关立案侦查,但未责令该公司恢复被毁林地原状。2018年3月14日,法院以非法占用农用地罪,判处该公司罚金人民币20万元、黄某免予刑事处罚、徐某有期徒刑两年缓刑三年并处罚金人民币7万元。

【调查和督促履职】

经调查查明,本案违法状态自2013年2月持续至2017年3月,时间跨度较大。同时,违法行为发生地白洋镇原属宜昌市枝江市管辖,2013年4月1日该镇由宜昌市高新区整体托管,而宜昌市高新区实行相对集中行政处罚权制度,涉及行政区划的调整和行政监管职能的划转。此外,违法行为人毁林占地是为了违法扩建码头,而该码头因未按期完成非法码头规范提升治理任务、未取得港口经营许可证,已被列入国家、省非法码头整治专项重点督察对象,本案还涉及长江干线非法码头整治问题,需要原准予建设码头的枝江市政府主导、长江航道管理局宜昌分局等多个部门协助配合整治。由于宜昌市三峡坝区人民检察院负责管辖宜昌市高新区的公益诉讼案件,长江航道管理局宜昌分局又位于宜昌市伍家岗区,按照相关规定,枝江市人民检察院、三峡坝区人民检察院、宜昌市伍家岗区人民检察院均对本案有管辖权。考虑到如何推动相关行政机关依法履职更快更好地恢复受损公益,宜昌市人民检察院依据相关法律规定,结合宜昌市市联办《关于推进湖北易顺矿业有限公司丁家沟码头整治工作的会议纪要》([2018]3号)文件精神,决定由三峡坝区人民检察院向"全部补植复绿或恢复自然岸坡等'复绿到位'工作"的主要责任单位宜昌市高新区综合执法局提出检察建议,其他基层院配合调查取证。

三峡坝区人民检察院调查后认为,在行政相对人被追究刑事责任的情况下,除行政拘留和罚款的行政责任可被刑罚折抵外,其他行政法律责任仍应承担。而本案高新区综合执法局在将案件移送公安机关侦查后,未责令相对人恢复被毁林地原状,仍构成行政不作为。2018年4月28日,三峡坝区人民检察院向高新区综合执法局发出检察建议,建议该局依法履职,责令相对人恢复被毁林地原状。

同年5月3日,按照"谁批准谁管理"的原则,枝江市人民政府根据《关于限期完成全省长江干线非法码头专项整治任务的紧急通知》(省联席办发[2018]6号),对涉案码头进行了强制拆除并清场;同年6月28日,高新区综合执法局对检察机关作出回复,称"高新区成立了林地复绿工作领导小组,聘请设计院编制了复绿方案,选择某园林公司实施修复,截至同年6月15日,已完成被毁林地修复工作"。

三峡坝区人民检察院办案人员到现场查看,发现被毁山体陡坡改缓坡,铺网覆盖并播种草籽,复绿区域换土、种植苗木,修复植被处于养护期,但仍有部分被毁林地未修复，行政机关也未要求相对人承担修复费用。

【诉讼和执行】

2018年11月21日，三峡坝区人民检察院向三峡坝区人民法院提起行政公益诉讼，认为高新区综合执法局未对违法行为人作出限期恢复原状的行政决定，而是利用国家财政植树复绿，属于不依法履职，请求判令该局对行政相对人损毁林地的修复工作继续履行监督管理职责。

庭审中，高新区综合执法局辩称：该局已作出《责令停止林业违法行为通知书》，并将该案移送公安机关侦查，且宜昌市三峡坝区人民法院已对涉案当事人作出刑事判决，根据《中华人民共和国行政处罚法》的相关规定，高新区综合执法局不宜再对该案作出行政处罚决定，请求法院驳回检察机关的诉讼请求。

2018年12月28日，宜昌市三峡坝区人民法院公开宣判，支持了检察机关的诉讼请求。该院认为，违法行为人虽因犯有非法占用农用地罪被追究刑事责任，但并不影响其继续承担被毁坏林地限期恢复原状的责任。因涉案被毁坏林地至今尚未完全恢复，高新区综合执法局在违法行为人受到刑事追究后，仍应继续履行包括责令限期恢复原状在内的法定职责。因此，判决高新区综合执法局于判决生效后六十日内，对行政相对人损毁林地的修复工作继续履行监管职责。

在判决执行过程中，因被毁林地被政府纳入长江干流沿线统一生态治理范围，高新区综合执法局向该公司及徐某下达《行政处罚决定告知书》，责令该公司、徐某于2019年4月30日前在宜昌市高新区白洋镇范围内，分别异地复绿20.592亩、19.116亩，并指定由第三方机构验收。目前，"异地复绿"已通过验收，栽种的各类苗木均已成活；政府统一组织实施的被毁林地修复工作也取得明显成效，裸露的林地、山坡已全部被植被覆盖。

【典型意义】

2018年4月，习近平总书记考察长江、视察湖北时，明确提出要把长江生态环境摆在压倒性位置，共抓大保护、不搞大开发。检察机关服务国家重大发展战略，紧紧围绕长江生态环境和自然资源保护，为长江经济带高质量发展提供有力司法保障。本案中的被毁林地位于长江岸边，在涵养水源、水土保持等方面，具有重要的生态功能。一旦林地被毁坏，需要及时修复植被，方能有效保护长江生态环境。因此，检察机关在司法实践中既要打击相关环境犯罪，更应当注重环境的修复治理。该案的成功办理，厘清了行政执法部门向公安机关移送环境资源犯罪案件与全面履行环境监管职责的关系，使行政机关充分认识到不能简单以移送犯罪处理代替环境保护行政监管职责，为检察机关把握此类案件发出诉前建议的条件、确定提起公益诉讼的诉讼请求，以及在涉及多个检察机关均有管辖权的公益诉讼案件中如何提高效率更快更好地修复受损公益，提供了范例。

2. 山东省临清市人民检察院诉临清市林业局不依法履职案
——检察公益诉讼全面实施两周年典型案例（发布时间：2019年10月10日）

【关键词】

行政公益诉讼 滥伐林木 行政责任与刑事责任

【要旨】

林业行政主管部门以无证砍伐林木数量达到刑事立案标准为由怠于履职，在检察机关发出检察建议后仍未依法全面履职，检察机关依法提起行政公益诉讼，督促行政机关采取监管措施，保护了国家和社会公共利益。

【基本案情】

临清市潘庄镇东路寨东村村委会于2014年6月将该村已出租沙荒地上的杨树卖于王某，王某在未办理采伐许可证的情况下，将8000余棵杨树砍伐，造成沙荒土地裸露面积达百亩以上。临清市林业局作为当地林业主管部门未对无证砍伐林木的违法行为作出行政处理，致使被破坏的森林资源未得到恢复，大面积沙荒土地裸露状态持续数年，国家利益和社会公共利益长期受损。

【调查和督促履职】

2017年4月5日，聊城市临清市人民检察院向临清市林业局送达检察建议书，建议该局对涉案杨树在未经法定主管部门核发采伐许可证的情况下被砍伐的行为依法作出处理。2017年5月19日，临清市林业局以案件已超过刑事立案标准为由进行了回复，并表示将继续查办，查办情况及时回复检察机关。

2018年1月23日，临清市检察院向临清市林业局发出调查函，要求临清市林业局书面说明对涉案无证砍伐林木违法行为的后续查办情况。当月26日，临清市林业局在回复中仍称案件复杂，不能履行检察建议。经沟通督促，临清市林业局认为，案件已超刑事立案标准，且责令补种不具有可操作性。期间，临清市检察院开展跟进调查，通过现场勘验等方式查明被破坏的森林资源一直未得到恢复，国家利益和社会公共利益持续处于受侵害状态。

【诉讼和执行】

2018年3月23日，临清市检察院依法向临清市法院提起行政公益诉讼，要求：判令临清市林业局依法履行监管职责，责令违法行为人补种相应林木，对涉案无证砍伐林木的违法行为人依法作出行政处罚。临清市法院于2018年9月16日作出判决，支持了检察机关的诉讼请求。

判决后，临清市林业局于2019年1月责令违法行为人补种滥伐林木株数五倍树木四万棵，违法行为人履行了补种义务。2019年5月31日，临清市林业局对补种情况进行了检查验收，认定完成补种树木四万棵，恢复了森林资源。

【典型意义】

森林资源对涵蓄水源、防风固沙具有重要作用，无证砍伐林木的违法行为致使生态受损，检察机关依法启动行政公益诉讼程序，修复了受损生态，保护了森林资源和生态环境。

国务院法制办等部门出台的《关于加强行政执法与刑事司法衔接工作的意见》对于"两法衔接"有关问题作出了规定，其初衷是为了防止"以罚代刑"，在理论界和实务界对其相关条款的理解也存在争议。刑事和行政是两种不同的责任形式，刑事诉讼和行政公益诉讼的目的也是不相同的，在涉及公益保护的情况下，行政监管和刑事诉讼程序可平行推进，行政机关可以就同一违法事实作出与刑事处理性质不同的行政处理决定。本案即是就"两法衔接"问题进行的一次有益尝试。

3. 郧阳区林业局行政公益诉讼案(检例第 30 号)
——最高人民检察院第八批指导性案例(发布时间:2017 年 1 月 4 日)

【关键词】

行政公益诉讼　公共利益　依法履行法定职责

【基本案情】

2013 年 3 月至 4 月,金兴国、吴刚、赵丰强在未经县级林业主管部门同意、未办理林地使用许可手续的情况下,在湖北省十堰市郧阳区杨溪铺镇财神庙村五组、卜家河村一组、杨溪铺村大沟处,相继占用国家和省级生态公益林地 0.28 公顷、0.22 公顷、0.28 公顷开采建筑石料。2013 年 4 月 22 日、4 月 30 日、5 月 2 日,郧阳区林业局对金兴国、吴刚、赵丰强作出行政处罚决定,责令金兴国、吴刚、赵丰强停止违法行为,恢复所毁林地原状,分别处以 56028 元、22000 元、28000 元罚款,限期十五日内缴清。金兴国、吴刚、赵丰强在收到行政处罚决定书后,在法定期限内均未申请行政复议,也未提起行政诉讼,仅分别缴纳罚款 20000 元、15000 元、20000 元,未将被毁公益林地恢复原状。郧阳区林业局在法定期限内既未催告三名行政相对人履行行政处罚决定所确定的义务,也未向人民法院申请强制执行,致使其作出的行政处罚决定未得到全部执行,被毁公益林地未得到及时修复。

【诉前程序】

2015 年 12 月 12 日,郧阳区人民检察院向区林业局发出检察建议,建议区林业局规范执法,认真落实行政处罚决定,采取有效措施,恢复森林植被。区林业局收到检察建议后,在规定期限内既未按检察建议进行整改落实,也未书面回复。

郧阳区人民检察院经调查核实,没有公民、法人和其他社会组织因公益林被毁而提起相关诉讼。

【诉讼过程】

2016 年 2 月 29 日,郧阳区人民检察院以公益诉讼人身份向郧阳区人民法院提起行政公益诉讼,要求法院确认区林业局未依法履行职责违法,并判令其依法继续履行职责。郧阳区人民检察院认为:

(1)金兴国等 3 人破坏了公益林,损害了社会公共利益。根据国家林业局、财政部制定的《国家级公益林区划界定办法》第二条、《湖北省生态公益林管理办法》第二条规定,公益林有提供公益性服务的典型目的,金兴国等 3 人非法改变公益林用途,导致公共利益受损。专家意见认为,金兴国等 3 人共破坏 11.7 亩生态公益林,单从森林资源方面已造成对公共生态环境影响。

(2)郧阳区林业局怠于履职,行政处罚决定得不到有效执行,国家和社会公共利益持续处于受侵害状态。区林业局对其辖区内的森林资源有管理和监督的职责。针对金兴国等 3 人的违法行为,区林业局已对金兴国等 3 人处以限期恢复林地原状和罚款的行政处罚决定。作出行政处罚决定后,区林业局还应根据《中华人民共和国行政处罚法》第五十一条规定,对金兴国等 3 人逾期未履行生效行政处罚决定的行为，依法采取法律规定的措施督促履行。但区林业局怠于履职，致使行政处罚决定得不到有效执行，被金兴国等3人非法改变用途的林地未恢复原状，剩余罚款未依法收缴，区林业局也没有对金兴国等3人加处罚款，导致国家和社会公共利益持续处于受侵害状态。

案件审理过程中，经郧阳区林业局督促，吴刚、赵丰强相继将罚款及加处罚款全部缴清，金兴国缴纳了全部罚款及部分加处罚款，剩余加处罚款以经济困难为由申请缓缴，区林业局批准了金兴国缓缴加处罚款的请求。同时，金兴国等三人均在被毁林地上补栽了苗木。受郧阳区人民法院委托，十堰市林业调查规划设计院对被毁林地当前生态恢复程度及生态恢复所需期限进行了鉴定，鉴定意见为：造林时间、树种、苗木质量、造林密度、造林方式等符合林业造林相关技术要求，在正常管护的情况下修复期限至少需要三年的时间才能达到郁闭要求。

郧阳区林业局在案件审理期间提交了一套对被毁林地拟定的管护方案。方案中，区林业局明确表示愿意继续履行监督管理职责，采取有效措施进行补救，恢复被毁林地的生态功能，并且成立领导小组，明确责任单位、管护范围、管护措施和相关要求。

【案件结果】

2016年5月5日，郧阳区人民法院作出一审判决：确认郧阳区林业局在对金兴国、吴刚、赵丰强作出行政处罚决定后，未依法履行后续监督、管理和申请人民法院强制执行法定职责的行为违法；责令区林业局继续履行收缴剩余加处罚款的法定职责；责令区林业局继续履行被毁林地生态修复工作的监督、管理法定职责。

一审宣判后，郧阳区林业局未上诉，判决已发生法律效力。

案件办理期间，十堰市、郧阳区两级党委和政府主要领导表态要积极支持检察机关提起公益诉讼。庭审期间组织了70余名相关行政机关负责人到庭旁听。郧阳区林业局局长当庭就其怠于履职行为鞠躬道歉。

案件宣判后，湖北省林业厅专门向全省林业行政部门下发文件，要求各级林业部门高度重视检察机关监督，引以为戒，认真整改、切实规范林业执法，并在全省范围内开展规范执法自查活动，查找、整改违法作为和不作为的问题。

【要旨】

负有监督管理职责的行政机关对侵害生态环境和资源保护领域的侵权人进行行政处罚后，怠于履行法定职责，既未依法履行后续监督、管理职责，也未申请人民法院强制执行，导致国家和社会公共利益未脱离受侵害状态，经诉前程序后，人民检察院可以向人民法院提起行政公益诉讼。

【指导意义】

(1) 检察机关提起公益诉讼的前提是公共利益受到侵害。公共利益可以界定为：由不特定多数主体享有的，具有基本性、整体性和发展性的重大利益。在实践中，判断被侵害的利益是否属于公共利益范畴，可以从以下几个方面来把握：一是公共利益的主体是不特定的多数人。公共利益首先是一种多数人的利益，但又不同于一般的多数人利益，其享有主体具有开放性。二是公共利益具有基本性。公共利益是有关国家和社会共同体及其成员生存和发展的基本利益,如公共安全、公共秩序、自然环境和公民的生命、健康、自由等。三是公共利益具有整体性和层次性。公共利益是一种整体性利益,可以分享,但不可以分割。公共利益不仅有涉及全国范围的存在形式,也有某个地区的存在形式。四是公共利益具有发展性。公共利益始终与社会价值取向联系在一起,会随着时代的发展变化而变化,也会随着不同社会价值观的改变而变动。五是公共利益具有重大性。其涉及不特定多数人,涉及公共政策变动,涉及公权与私权的限度,代表的利益都是重大利益。六是公共利益具有相对性。它受时空条件的影响,在此时此地认定为公共利益的事项,彼时彼地可能应认定为非公共利益。

(2) 行政机关没有依法履行法定职责与国家和社会公共利益受到侵害是检察机关提起行政公益诉讼的必要条件。判断负有监督管理职责的行政机关是否依法履职,关键要厘清行政机关的法定职责和行政机关是否依法履职到位;判断国家和社会公共利益是否受侵害,要看违法行政行为造成国家和社会公共利益的实然侵害,发出检察建议后要看国家和社会公共利益是否脱离被侵害状态。